Julius Schniewind
Otto Michel

Vollmacht

Herausgegeben von O. S. v. Bibra

OEKUMENISCHER VERLAG DR. R. F. EDEL
LÜDENSCHEID-LOBETAL

ISBN 3-87598-513-3 (Edel)
LEHRE UND LEBEN Band 1
Bestell-Nr. 57 380

Bildnachweis: S. 6 Hans-Joachim Kraus, Julius Schniewind, Charisma der Theologie, Neukirchener Verlag, Neukirchen-Vluyn 1965
Umschlaggestaltung: Daniel Dolmetsch
Gesamtherstellung: Ebner Ulm

Inhalt

Prof. D. Julius Schniewind

Vorwort des Herausgebers

Unvergeßlich bleibt mir die Erinnerung an diesen Vortrag, den ich vor fünfzig Jahren in meiner fränkischen Heimat miterlebt habe.

Ich kannte Prof. D. Julius Schniewind schon von Königsberg her. Dort hatte ich im Sommer-Semester 1934 Rechts- und Staatswissenschaften studiert. Der Kirchenkampf hatte gerade durch die 1. Reichssynode der Bekennenden Kirche in Barmen und deren berühmt gewordene »Barmer Erklärung« einen Höhepunkt erreicht, und mit Spannung verfolgte man die weitere Entwicklung. Um so interessanter war es, daß die Professoren Julius Schniewind und Hans J. Iwand in diesem Semester eine gemeinsame Lehrveranstaltung durchführten, in der – publice, also für Hörer aller Fakultäten – über die jeweilige kirchliche Lage, d. h. die neuesten Ereignisse berichtet und diskutiert wurde. Da hatte ich regelmäßig hospitiert.

Und nun war Schniewind zu Pfingsten 1937 nach Rummelsberg gekommen. Dort hielt die (im Kirchenkampf entstandene) bayerische Pfarrerbruderschaft ihre jährliche Tagung ab, zu der sie außer Schniewind noch Missionsdirektor Jakob Kroeker aus Wernigerode am Harz, den Gründer des Missionsbundes »Licht im Osten«, für das Thema »Weltschau im Lichte des Wortes Gottes« hatte gewinnen können.

Schniewind in Rummelsberg: Was er damals vortrug, war deshalb so faszinierend und eindrucksvoll, weil es nicht nur das Ergebnis gewissenhafter Exegese des Neuen Testaments war, sondern unverkennbar eine ihm von Gott aufgetragene *Botschaft.* Wir erfuhren nicht nur, was »Vollmacht« für die Gemeinde im Neuen Testament bedeutet, sondern wir *erlebten* diese Vollmacht des Heiligen Geistes jetzt und hier im Vollzug.

Der lebendige und gegenwärtige Herr beglaubigte das, was wir zu hören bekamen, als Sein eigenes Wort, als Seine unmittelbare Anrede in einer Weise, daß wir merkten: Es ist das Schwert des Heiligen Geistes, das Mark und Bein durchdringt.

Da ich den Vortrag Schniewinds damals mitgeschrieben habe und das Stenogramm – trotz der Zerstörung unseres Hauses in Nürnberg während des Krieges – mir durch die Jahrzehnte erhalten geblieben ist, bin ich in der glücklichen Lage, diesen Vortrag hier vorlegen zu können. Er ist für die Drucklegung leicht gekürzt und mit ergänzenden Anmerkungen versehen worden, die überwiegend den beiden bedeutenden Kommentaren Schniewinds[1] entnommen sind.

Möge sein Inhalt nun auch für die Leser heute – in Kraft des Heiligen Geistes – zu einer unmittelbaren Botschaft Gottes werden wie für uns Hörer damals!

Zudem hat Prof. D. Otto Michel, der ja mit der Fortführung des theologischen Erbes und Auftrags von J. Schniewind in besonderer Weise betraut ist, dankenswerterweise einen eigenen sachkundigen Beitrag zum Thema der Vollmacht zur Verfügung gestellt.

Schluchsee, im Frühjahr 1988

O. S. v. Bibra

1 J. Schniewind, Das Evangelium nach Matthäus (NTD Bd. 2), Göttingen 1937; ders., Das Evangelium nach Markus (NTD Bd. 1), Göttingen 1933.

Die Vollmacht der Kirche Jesu Christi nach dem Neuen Testament

Julius Schniewind

Einleitung

Exousia – das heißt: die volle Macht Gottes. Und die Kirche soll diese Macht haben! Es ist die Vollmacht des ewigen Richters selbst: die Vollmacht seines Geistes.

Gottes eigene Macht, die stärker ist als alle Macht des Feindes, als alle Macht, die sich ihm entgegenstellt: die Macht Gottes, die im Himmel bannt und löst – diese Vollmacht gibt er *seiner Gemeinde.*

Gottes eigene Macht in ihrer Fülle wird *uns* anvertraut!

Wer sollte sich nicht fürchten?!

Exousia ist noch mehr als *dynamis* (»Kraft«). Den Ausdruck *exousia* hat das NT wohl durch Vermittlung alttestamentlicher Sprache. *Exousia* ist gleichsam die Staatsmacht Gottes. Dasselbe Wort wird bekanntlich für die Obrigkeit gebraucht (Röm 13,1). Vielleicht ist es schon zuviel, zu sagen, die Staatsmächte seien Abbilder der Staatsmacht Gottes. Jedenfalls ist die *exousia* des Staates als Dienstauftrag Gottes anzusehen.

Mit dem Wort »Vollmacht« sind wir im Zentrum des Neuen Testaments, sind wir bei der Königsherrschaft Gottes, bei seinem Wort, seiner Freiheit, seinem Regiment, das alle Feinde besiegt.

Wo ist Gottes Herrschaft? Die Antwort Jesu lautet: »Wenn aber *ich* durch den Geist Gottes die Dämonen austreibe, so ist ja die Herrschaft Gottes jäh zu euch gelangt« (Mt 12,28).[1]

1 »Wo Jesus wirkt, hebt Gottes künftige Herrschaft jetzt schon an; wohin er kommt, ›gelangt‹ Gottes Herrschaft, ja, wo nur seine Jünger sind, kommt Gottes Herrschaft selbst (Lk. 10,9.11). Möglich, vielleicht noch kraftvoller, wäre die Übersetzung: Gottes Herrschaft ist ›über euch gekommen‹, eilend, jäh, überra-

Da er am Kreuz den Satan besiegte, ist Gottes Herrschaft hereingebrochen, aber in der Verhüllung und Verborgenheit. Die zweite Bitte im Vaterunser wollen wir von der Apokalypse her verstehen: Gottes Königtum ist identisch mit der Herrschaft und Vollmacht seines Gesalbten! (Offb 12,10). Ihm, dem Messias, hat der Vater das gesamte Gericht übertragen; und zwar hat er ihm diese Vollmacht gegeben, weil er der Menschensohn ist (Joh 5, 22b.27): der Menschensohn von Daniel 7. Dies ist der Sinn von Mt 28,18. Da kann Jesus von sich sagen: »Jetzt ward mir gegeben die ganze Vollmacht im Himmel und auf Erden.« Jetzt ist er wirklich eingesetzt als Menschensohn, der die Herrschaft in seinen Händen hat. Ja, schon auf Erden hatte er die Macht, da er die Dämonen aus ihren Stellungen hinauswarf.

Daß er aber alle Macht hat, beruht darauf, daß er den Vater kennt. Das Geheimnis des Sohnes ist größer als das Geheimnis des Vaters. Denn an letzterem gibt Jesus uns teil, aber wie *ihm* alle Macht gegeben ist, das weiß keiner. Dieser eine Sohn, der allein den Vater kennt, das ist der Menschensohn von Dan 7, der Weltenrichter: Jesus, der Gekreuzigte und Erniedrigte, der arm ist und gering vor Gott und Menschen – gerade ihm ist alle Vollmacht gegeben. Aber freilich: es ist die Vollmacht des Vaters selbst, denn der Vater allein hat die Vollmacht über Tag und Stunde. Und nicht einmal der Sohn weiß Tag und Stunde. Gerade als Sohn ist er der Gehorsame, der sich unterordnet.

Es ist Gottes freie Macht, da er den Sohn sendet. Und es ist Gottes freie Vollmacht, wen er dem Sohn übergibt.

Von Gottes Vollmacht reden heißt also: von *Jesus* reden. Nun müssen wir erst ausdrücklich von Jesus reden. »Sein ist die *exousia.*« Auch die geringsten Worte, die von Jesu Vollmacht reden, wollen von Dan 7 her verstanden sein, da Gott ihn ja als Welten-

schend. Was ihr zukünftig dachtet, der Sieg Gottes über alle feindlichen Mächte, er ist schon da! Unser Wort ist eins der wichtigsten Jesusworte . . .« (Matthäus-Kommentar, S. 155).

richter sendet: ihn, den Gekreuzigten. Der vom Himmel kommt, hat auf Erden Vollmacht, Sünden zu vergeben . . .

Mk 1,27 lesen wir: »Und sie staunten alle, so daß sie sich stritten und sagten: ›Was ist das? Eine neue Lehre in Vollmacht! Sogar den unreinen Geistern gebietet er, und tatsächlich: sie gehorchen ihm!‹« – Das heißt: Hier ist der, der den Satan besiegt, besiegt *hat* mit seinem vollmächtigen Richterwort. Es ist genau richtig, daß Markus das an den Anfang seines Evangeliums stellt. Es sind die Worte des Weltenrichters, der kommt – aber des Weltenrichters, der in Knechtsgestalt kommt, so daß man ihn verkennen, verwerfen und lästern kann. Aber: »Wohl dem, der an mir nicht zu Fall kommt« (Mt 11,6).

So will auch das Wort Mk 1,22 verstanden sein: »Und sie entsetzten sich über seine Lehre; denn er lehrte sie wie einer, der Vollmacht hat, und nicht wie ihre Schriftgelehrten.«[1] Das soll heißen: Er redet Gottes eigenes Wort – *wie die Propheten*, anders als die Schriftgelehrten! Ja, noch *mehr* als die Propheten, denn er sagt nicht: »So spricht der Herr«, sondern er verweist auf die Autorität seiner eigenen Rede, wenn er etwa sagt: »Wer diese *meine* Worte hört . . .« (Mt 7,24.26!). Und dazu Mk 8,38: »Wer sich *meiner* und *meiner* Worte schämt unter diesem ehebrecherischen und sündigen Geschlecht . . .«

Die Vollmacht seines Wortes ist Gottes eigene Vollmacht.[2] Eben das ist seine Lehre, und in diesem Wort der Lehre ist die ewige Macht Gottes. Der Weltenrichter war es, der in der Bergpredigt sprach; der so spricht, ist aber der Gekreuzigte . . .

1 »Das Nachwort der Bergpredigt beschreibt mit dem stärksten Wort den Eindruck der Lehre Jesu. Die Menge ›entsetzt‹ sich. Sie merkt unmittelbar, hier sei Gottes eigene Gegenwart . . . So war die Rede auch gemeint. Sie war die Rede des Messias, der Gottes künftige Herrschaft bringt, und der es verleiht, aus der zukünftigen Gottessohnschaft schon jetzt zu leben . . .« (Matthäus-Evangelium, S. 48).

2 »›Wer kann sich dieser Macht entziehen? Wer kann diese innere Kraft des Wortes verkennen?‹ So hat Schniewind später immer wieder gefragt«, schreibt Hans-Joachim Kraus (in: Julius Schniewind – Charisma der Theologie, Neukirchen-Vluyn 1965, S. 66).

Der Satan aber wird einen finden, der seine Vollmacht annimmt, den Gegenmessias (Offb 13,2). Und vor diesem hergehen wird der falsche Prophet (Offb 13,11 ff.) ...

Gerade der vollkommene Gehorsam, der das Leben Jesu kennzeichnet, ist seine Freiheit und Macht: seine Vollmacht. So spricht bereits die kommende Erhöhung aus seinen Worten. Seine Macht, das ist sein *Sieg*: »Ich habe die Welt überwunden«, die Welt besiegt (Joh 16,33). Er hat den Satan besiegt; als »Beherrscher dieser Welt« ist er bereits gerichtet (Joh 16,11).

Jedes Reden von der Vollmacht der Kirche,[1] das nicht von der Vollmacht Gottes im Messias spricht, geht an der Sache vorbei. Vollmacht der Kirche kann ja nur Vollmacht Gottes selbst sein. Alles, was wir bisher sagten, schloß ja das Wort von der Kirche mit ein. Die Verkündigung der Kirche ist es, in der die Herrschaft Gottes ihre Erben gewinnt. Sind es doch die Jünger, denen es der Herr Jesus zuspricht: »Und ich vermache euch, wie mir mein Vater vermacht hat, die *basileia* (›Herrschaft‹)« (Lk 22,29).

Und Paulus schreibt: Er »hat uns unter die Herrschaft seines lieben Sohnes versetzt« (Kol 1,13), so daß die Macht der Finsternis nicht mehr über uns regiert: aus ihr sind wir herausgerissen, herausgerettet.

So war überall von der *ekklesia* (»Kirche«) die Rede an all den Stellen, die wir vorhin behandelten. König und Volk sind eines. Das Volk ist im König beschlossen ...

Mt 28,19 redet von der Sendung der Seinen eben deshalb, weil ihm die Vollmacht übergeben ist.

Und alles, was uns die Evangelien sagen, ist ja Zeugnis der Kirche. Seiner Kirche gilt ja dies Wort ... Dies ist die Vollmacht der Gemeinde: die Vollmacht des Wortes, sonst nichts.

1 Anm. des Herausgebers: Selbstverständlich kann im Zusammenhang dieses neutestamentlichen Vortrages unter »Kirche« nur die wahre *ekklesia*, »die herausgerufene Gemeinde der Erstgeborenen, die in den Himmeln eingetragen sind« (Hebr 12,23a), also der Christusleib, gemeint sein – gemäß dem Sinn der Überschrift des Referats: »Die Vollmacht der *Kirche Jesu Christi* ...«

Hier darf ich nun fünf Punkte herausheben:

1. die Vollmacht der Verkündigung und des Geistes;
2. die Vollmacht der Vergebung und des Gerichtes;
3. die Vollmacht des Gebets und des Wunders;
4. die Vollmacht des Sieges Gottes und seines Werkes;
5. die Vollmacht des Charismas und des Amtes.

1. Die Vollmacht der Verkündigung und des Geistes

Das Wort ist Botschaft und Sendung. Es geschieht und passiert etwas. Es ist eine Tat Gottes – und die heißt »Wort«!

Jesus aber ist der Bote, der Freudenbote von Jes 52,7. Er, Jesus, sendet das Evangelium; er redet selbst in seiner Gemeinde. Er ist *der* Bote, *der* Gesandte.

Joh 20,21 f.: »Wie mich der Vater gesandt hat, so sende auch ich euch. Nehmt den Heiligen Geist!« Und ebenso Mt 28,19: »Geht also hin und macht alle Völker zu Jüngern!«

Der die Vollmacht hat, trägt aber immer noch die Züge des Gekreuzigten. Und weil er diese Niedrigkeit übte, darum übt er sie noch.

Darin, damit, darunter, daß die Botschaft von ihm durch seine Boten verkündigt wird, ist er selbst bei uns alle Tage bis ans Ende der Erde (Mt 28,20 b).

Nun ist dies *kärygma* (»Botschaft«) ein für allemal an die *ekklesia*, die Gemeinde Gottes gebunden. Das Wort Gottes ist in, mit und unter der Kirche. Ja, selbst die höchste der Gnadengaben, die des Apostolats, ist nichts ohne die Kirche. »Ich glaube an die eine heilige, allgemeine und apostolische Kirche.«

Man kann nicht ausmachen, welches Wort, welche Vollmacht den Aposteln allein gehört.

Es gibt schon eine apostolische Einzigartigkeit, die unüberbietbar und unwiederholbar ist: daß die Apostel Augenzeugen der Auferstehung des Herrn Jesus waren (Apg 4,33).

Wohl ist es primär der Heilige Geist, der Zeugnis gibt über Jesus; »aber auch *ihr* seid meine Zeugen«, fügt der Herr sofort hinzu (Joh 15,27). So konnten die Apostel von sich sagen: »Und wir unsrerseits sind Zeugen dieser Taten Gottes« (Apg 5,32). An der Einmaligkeit des Messias nehmen seine Apostel teil, an seiner Unwiederholbarkeit. In diesem Sinne ist mit 1. Kor 15,5–7 die Reihe der Augenzeugen der Auferstehung abgeschlossen, denn danach erscheint der Auferstandene nur noch einem einzigen, der sich als unzeitige Geburt bezeichnet (V. 8). So nehmen die Urapostel samt Paulus an der Einmaligkeit ihres Herrn teil.

Aber nun muß gleichzeitig betont werden: Das größte Wort, das ihnen gesagt ist, wurde gerade im Kirchenkampf mit Recht wieder auf die *ganze Gemeinde* angewandt: »Wer euch hört, hört mich« (Lk 10,16). Wir sehen also: Was den Aposteln gilt, das gilt der ganzen Kirche, der apostolischen Kirche. So nimmt die Verkündigung der ganzen Kirche an der Würde des apostolischen Wortes teil.[1] Die Verkündigung ist Kraft des Heiligen Geistes und Gegenwart des Messias ... Das Wort, das vom Kreuz ausgeht, ist Kraft Gottes (1. Kor 1,18).

Glaube kommt aus hörbarem Wort, hörbares Wort aber kommt daraus, daß der Messias spricht, indem er durch seine Boten selber redet (Röm 10,17!). So macht im Wort seiner Jünger Jesus persönlich seine Gegenwart kund.

So ist auch 1. Tim 3,16 gemeint, der urchristliche Hymnus: Erst der durch Herolde Verkündigte ist der Herrschende. Im

1 Vgl. zu Mt 10,40: »... die Würde der Jünger ruht auf dieser Abhängigkeit (von Jesus). Und wenn ihr Kommen mit Jesu, ja mit Gottes Gegenwart gleichgesetzt wird, so klingt auch das mit anderen Sprüchen zusammen: die Jünger bringen Christi eigenes Wort (V. 12 f.; Lk. 10,16), ihnen ist Gottes Wort anvertraut (...), ihre Werke sind Gottes Werke (5,16), ihre Taten spiegeln Gottes Tun (5,7 ff.)« (Matthäus-Kommentar, S. 133).

verkündigten Wort ist er der zur Herrlichkeit Erhöhte, der sich auf Erden seine Gemeinde sammelt.

Nun gilt allerdings: Dies bevollmächtigte Wort ist Wort *der Boten* ... 2. Kor 13,3: Paulus weiß, daß der Messias aus ihm redet; er weiß es aber ebenso auch von all den unbekannten Zeugen, aus denen der Messias in gleicher Weise redet (Röm 10,15b.18.20).

Dies ist ja der Sinn der ganzen Apostelgeschichte: der einst auf Erden war, handelt und redet jetzt in seinen Botschaftern. Das ist aber auch der Sinn der ganzen Evangelien und der ganzen Apokalypse: der Erhöhte handelt und redet – und leidet – *in seiner Gemeinde*, die ja sein Leib ist.

Wir fassen zusammen: Die *ekklesia* hat die Vollmacht zur Verkündigung – die Vollmacht des Heiligen Geistes.

2. Die Vollmacht der Vergebung und des Gerichtes

Der Gekreuzigte ist der Weltenrichter, der Erhöhte. Und sein erstes Wort heißt: Vergebung. »Denn gekommen ist der Menschensohn, zu suchen und zu retten das Verlorene« (Lk 19,10) ...

Paulus schreibt: »Wenn du mit deinem Munde bekennst: ›Herr ist Jesus‹ und mit deinem Herzen glaubst, daß Gott ihn aus den Toten auferweckt hat, wirst du gerettet werden« (Röm 10,9). Hier ist mit der Aussage »Herr ist Jesus« offenbar das Taufbekenntnis gemeint (vgl. auch 1. Kor 12,3 b).[1]

Aber die Vollmacht des Zuspruchs in den Sakramenten hat nur die Gemeinde. Eine Bindung an den Täufer findet in keiner Weise statt. Auch das Mahl ist nicht dem Individualismus

1 »›Jesus ist der Herr‹, das war das Bekenntnis der ersten Christen, wenn sie die Taufe empfingen. Sie bekannten: Er ist unser Herrscher und Gebieter; er ist der Herr, dem wir leibeigen sind.« (Julius Schniewind, Nachgelassene Reden und Aufsätze, Berlin 1952 [1. Aufl.]/Gießen 1987 [2. Aufl.], S. 175.)

preisgegeben. Und dennoch sind die Sakramente Zuspruch der Vergebung an den einzelnen: so sind sie *verbum ad singulos*.

Welchen Wert hat Luther auf den gegenseitigen Zuspruch der Brüder gelegt! *Parákläsis* bedeutet »Zuspruch« im Sinne von »Ermahnung« und zugleich »Tröstung«, ja »Ermutigung«. So macht Paulus die einzelnen für die einzelnen verantwortlich.

2. Kor 5,20: Wir reden so, daß Gott durch uns euch zuspricht. Das wäre rechte Verkündigung als *parákläsis* im Sinn von persönlichem Zuspruch, wo jeder merkt: Hier bin *ich* gemeint.

Hierher gehört auch Mt 18,15: »Wenn aber dein Bruder sündigt, so gehe hin und weise ihn zurecht zwischen dir und ihm allein; wenn er auf dich hört, hast du deinen Bruder gewonnen . . .« Und dann V. 18: »Was ihr bindet auf Erden, wird im Himmel gebunden sein, und was ihr lösen werdet auf Erden, wird im Himmel gelöst sein.« Binden und Lösen wie Gott selbst – das ist die Vollmacht der Gemeinde. Gott verdammt selbst durch *unser* Wort in die Hölle, und ebenso löst er durch *unser* Wort ewiglich. Das ist die apostolische Gemeinde, die jedem Bruder zugewandt ist. So hat der Herr gesagt: »Ich will dir die Schlüssel der Himmelsherrschaft geben« (Mt 16,19). Das ist der wirkliche Petrus, auf dem die Gemeinde gebaut ist. Die Vollmacht, die ihm gegeben wurde, wird an die apostolische Kirche weitergegeben.

So vollzieht sich im Wort der berufenen Boten unmittelbar Gottes Ruf oder Gottes Zorn. Wir tun nichts dazu.

Von diesem Zentralen her verstehen wir wohl auch das Ungewöhnliche. Dazu rechne ich die Ausscheidung der Irrlehre. Eine Trennung von Leben und Lehre gibt es im NT nicht; wo Irrlehre ist, da stimmt auch immer das Leben nicht.

3. Die Vollmacht des Gebets und des Wunders

Zugang zur Gnade – das ist das ganze Evangelium. Zugang zur Gnade heißt aber auch: Gelingen des Gebets. Das Gebet ist die Stimme des Heiligen Geistes. Kraft des Geistes bedeutet Kraft zum Beten. Und so ist Gebet und Verkündigung keinen Augenblick zu trennen.

Paulus weiß: Wenn die Gemeinde nicht betet, kann er nicht verkündigen. Er selbst kann seinen Botschafterdienst nur tun unter unablässigem pneumatischem Gebet. *Agôn* (»Kampf, Anstrengung«) heißt das Gebet bei Paulus.

Hierher gehören die Worte vom unablässigen Beten, von der Fürbitte und vom Fürdank. Hierher gehört das vollmächtige Gebet der Urgemeinde aus Apg 4,24–30 oder Apg 12,5: Petrus wird zwar im Gefängnis gehalten, aber unablässig ging das Gebet der Gemeinde für ihn zu Gott, bis durch sein Eingreifen die Befreiung erfolgte.

Hierher gehört aber auch die Anweisung und Verheißung von Jak 5, 14–18: das ist *exousia*! Viel Macht hat das Gebet des Gerechten, wenn es in der Kraft des Geistes, in der Vollmacht Gottes geschieht. Die Ältesten der Gemeinde sollen gerufen werden, denn was den einzelnen Charismatikern gilt, das gilt der ganzen Gemeinde![1]

Das Gebet der Heiligen hat Macht, die Erde und den Himmel zu bewegen. Das Gebet der Gemeinde besitzt die *exousia* des Auferstandenen. Das Gebet geschieht im Namen Jesu: das

1 Vgl. zu Mk 8,22–26: »Was Handauflegung war, wußten die ersten Christen ja aus lebendiger Anschauung (Apg. 9,12.17; 28,8; auch Mk. 16,18; Apg. 3,7; 9,41): sie geschah immer im Namen Christi, in der Kraft und Anrufung des erhöhten Herrn ... So stellt sich unsere Geschichte in die lebendige Erfahrung der Urgemeinde, die gleiche Heilungen im Namen des erhöhten Herrn vollbrachte ... Diese Auffassung der Geschichte wird durch zwei weitere Beobachtungen unterstützt. Unsere Erzählung war das Gegenstück zur Heilung des Tauben 7,31 ff.; sie wird unter dem gleichen Gesichtspunkt stehen, der dort V. 7 ins Auge gefaßt wurde: hier sind die Jes. 35 aufgezeigten Zeichen der messianischen Zeit« (Markus-Kommentar, S. 108).

heißt nichts geringeres, als daß Jesus selber betet. Nichts anderes als sein unablässiges Beten für uns gibt unserem Gebet die Macht. Darum ist der Geist der andere Paraklet, der die Gegenwart des Erhöhten uns zuspricht (Joh 14,16). So gibt es überhaupt kein Beten außer durch Jesus.

Und mit seiner himmlischen *intercessio* (seinem Eintreten für uns beim Vater) ist die *intercessio* des Heiligen Geistes auf Erden gegeben, die auf unsere Schwachheit Rücksicht nimmt. Hier ist Röm 8,26 f. wichtig, wo es heißt: »Ebenso auch steht der Geist unserer Schwachheit bei. Denn was wir bitten sollen, wie es sich gebührt, wissen wir nicht; aber der Geist selbst tritt für uns ein mit unaussprechlichen Seufzern. Der aber, der die Herzen erforscht, weiß, was das Sinnen und Trachten des Geistes ist, weil er nach Gottes Art für Heilige eintritt.«[1] Dies Wort aber gilt ohne Ausnahme; es umschreibt die beständige Situation der *hagioi* (der »Heiligen«).

Daß sich die Kraft des Herrn gerade in unserer *Schwachheit* vollendet, ist die Regel (vgl. 2. Kor 12,9!).

Von da aus aber hat unser Beten die königliche Erhörungsgewißheit. Wenn wir etwas erbitten, was dem Willen unseres Herrn entspricht, so *wissen* wir, daß wir die vorgebrachten Bitten schon *haben* (1. Joh 5,15).

Mit dem Gebet aber hängt das *Wunder* aufs engste zusammen. So konnte die Urgemeinde, inspiriert vom Heiligen Geist, freimütig folgendermaßen beten: »...Und jetzt, Herr, siehe

1 Schniewind bemerkt dazu an anderer Stelle: »Man versteht unsere Verse (d. i. Röm 8,26 f.) jetzt überwiegend von der Glossolalie. Darin wird etwas Richtiges sein. Aber es kann nicht gemeint sein, daß *nur* beim Glossolalen das Beten des Geistes für das menschliche Beten eintritt. Denn ohne Frage wollen unsere Verse etwas aussagen, was für alle Christen und was dauernd gilt ... Wir bedürfen des Fürsprechers. Dieser Fürsprecher ist eben *(auto)* der Geist, und er tritt mit *stenagmoi* (›Seufzern‹) für uns ein, die unaussprechlich sind: sie sagen mehr, als wir in unsre Menschenworte zu fassen vermögen« (zitiert aus dem Aufsatz: Das Seufzen des Geistes, Röm. 8,26.27; in: J. Schniewind, Nachgelassene Reden und Aufsätze [a.a.O.], S. 82.86).

herab auf ihre Drohungen und schenk es deinen Knechten, dein Wort mit aller Kühnheit zu sagen, indem du deine Hand ausstreckst zu Heilungen und Zeichen und Wunder geschehen läßt durch den Namen deines heiligen Knechtes Jesus« (Apg 4,29.30). Hier wird ausdrücklich um Zeichen und Wunder gebetet, und in den Abschiedsreden des Herrn werden der Gemeinde ausdrücklich noch größere Werke und Wunder verheißen (Joh 14,12).

Außerdem sind Stellen zu beachten wie Mt 10,8: »Kranke heilt, . . . macht Aussätzige rein, treibt Dämonen aus! . . .«; Lk 9,1b.2: »Er gab ihnen Kraft und Vollmacht über alle Dämonen sowie Krankheiten zu heilen; hierauf sandte er sie aus, als Herolde die Herrschaft Gottes auszurufen *und auch zu heilen*« (vgl. Lk 10,8; Jak 5,14 ff.). Das alles sind *Weisungen, vor denen es kein Zurückweichen gibt!*

Wenn hier immer wieder davon die Rede ist, daß die Kranken geheilt werden sollen, dann geht es dabei jedesmal um ein *Eingreifen Gottes,* denn es handelt sich ja um »Zeichen«; das aber sind Vorgänge und Geschehnisse, die auf Gott *zeigen*, Werke, durch die es offenbar wird, daß *Gott* der Handelnde ist, – Kraftwirkungen Gottes: *dynameis* (1. Kor 12,10a).

So konnte Paulus von sich bekennen: »Ich würde nicht wagen, irgend etwas zu sprechen, was nicht Christus gewirkt hat durch mich, um die Heiden zum Gehorsam zu führen, mit Wort und Tat, in Kraft von Zeichen und Wundern, in Kraft des Geistes« (Röm 15,18 f.).

Dabei ist uns die Ausflucht verwehrt, zu sagen, das seien eben die Apostel gewesen und solche Vollmacht sei ihnen allein vorbehalten geblieben. Nein! Ausdrücklich wird hier an diesem Punkt über die apostolische Zeit hinaus verwiesen: »Und Gott selbst gab Zeugnis durch Zeichen und Wunder, mannigfache Krafttaten und Zuteilungen des Heiligen Geistes gemäß seinem Willen« (Hebr 2,4) und vor allem auch der

Schluß des Markus-Evangeliums (16,17–20).[1] Und ausdrücklich wird das Wunder, das den Boten Jesu verliehen ist, schon in der Aussendungsrede (Mt 10,1)[2] als Vollmacht über die unsauberen Geister bezeichnet.

Das ist in der Tat, was der *ganzen ekklesia* übertragen ist: Vollmacht gegen die bösen Geister, Vollmacht über den Satan.

4. Die Vollmacht des Sieges Gottes und seines Werkes

Sieg – das klang schon durch alles hindurch, das wir sagten. *Kampf* steht über dem Leben der Christen – aber freilich nicht: sich selbst bekämpfen; nein: über *uns* steht ja das *»gestorben«* (Kol 3,3; Röm 6,6; Gal 2,19 f.!)! Unser alter Adam *ist* tot.[3] –

1 Vgl. zur Stelle: ». . . hier ist es der erhöhte Herr, der Herrscher und König, der seine Herolde sendet. Mehr noch! der ›Herr‹ selbst wirkt mit seinen Boten und befestigt das Wort. Dies ist ganz die Anschauung der Apostelgeschichte: in und mit den Boten wirkt der erhöhte Christus selbst. Aber nicht anders ist die Anschauung des Paulus und der ganzen ersten Christengemeinde . . . Die Zeichen ›zeigen‹, daß das Wort Wahrheit ist, daß es fest und zuverlässig ist. Wort und Wunder waren in der Verkündigung Jesu (Mk. 2,1 ff.9; Mt. 11,5 f.; 12,28) und in der Darstellung unseres Evangelisten (1,27.39; 3,14 f.; 6,1 ff.7ff.) fest verbunden; und wieder klingt ebenso, was die Apostelgeschichte durchweg berichtet, was Paulus (. . .) und der Hebr.-Brief (. . .) sagen . . .« ». . . wer zum Glauben kommt, dem ›folgen‹ Zeichen auf sein Glauben. Die Zeichen sind also kein Vorrecht der Apostel (V. 20), sondern sie sind noch in der Gemeinde lebendig« (Markus-Kommentar, S.197 f.).

2 Vgl. zur Stelle: »Jesu Jünger setzen sein Werk fort. Vom Auftrag der Jünger wird fast mit den gleichen Worten gesprochen, wie 9,35 von den Heilungen Jesu. Sie haben die Vollmacht wie Jesus selbst; dies höchste Wort (. . .) kehrt hier wieder. Sie haben Vollmacht, unreine Geister auszutreiben und selbst (. . .) die todesähnliche Krankheit zu überwinden . . . Wir haben die Grundzüge der Aussendungsrede herausgearbeitet: die Jünger Jesu sind Träger seines Wortes, darum auch Teilhaber seiner Wunder, Gefährten seiner Verfolgung . . .« (Matthäus-Kommentar, S. 123).

3 Vgl. zu Mt 10,39: »Der Spruch vom Verlieren und Gewinnen des Lebens ist ganz allgemein gemeint (. . .). Jeder, der Jesus folgt, gibt sein Leben preis; aber

Wohl aber Kampf gegen den *Satan*! Es gilt, ein Soldat, ein Streiter des Königs Jesus zu sein (2. Tim 2,3–5) und tapfer zu Felde zu ziehen. Der Satan aber *ist* besiegt im Gekreuzigten und Auferstandenen.

Und das *Wort* entfaltet diesen Sieg. Und wohin das Wort kommt, dahin geht der Sieg des Gekreuzigten.

Rein durch die Existenz der *ekklesia* selbst wird der Kampf gegen den Satan ausgefochten (Eph 6,10 ff.). Was *ekklesia* auf dieser Erde bedeutet, ist der Sieg über die Mächte, die Gott entgegenstehen.[1] Und dadurch, daß der Heilige Geist im Wort der Gemeinde wirkt (Joh 16,11–15), wird das Gericht vollzogen.

Daß dies so ist, daß der Satan besiegt ist, wird mit besonderem Ernst dort verkündigt, wo vom Antichristentum die Rede ist (1. Joh 2,18; 4,1–3; Offb 13). Es ist der Kampf gegen die Gnosis, gegen das Schwärmertum. Gerade in der Kirche entsteht das Antichristentum. Allerdings wird nun ausdrücklich und absichtlich *verhüllt*, in welche Tiefen die Dinge hinuntergegangen sind. Die Tiefen des Satans werden ausdrücklich *nicht* genannt . . .

Und so ist der Gemeinde Vollmacht gegeben über die gesamte

wo das Leben, das Ich, in den Tod gegeben ist, da wird es ›gefunden‹: das ewige Leben wird gefunden (7,14; 13,44.46), wo dies ganze, an die eigene Gottfeindlichkeit gebundene Leben in den Tod gegeben ist . . . Unser Wort aber ist gleichsam das Schlüsselwort und gehört zu den meist (sechsmal!) überlieferten Worten Jesu (. . .); die Gemeinde hat seine Bedeutung verstanden« (Matthäus-Kommentar, S. 132).

1 Daß zu diesen feindlichen Mächten gerade auch die Krankheiten gehören, wird an den Heilungsberichten der Evangelien immer wieder deutlich. Das betont gerade Schniewind öfters mit Nachdruck, z. B. im Markus-Kommentar zu 7,34 (S. 104): »Das Gebet . . . erinnert wieder an früher Erörtertes: daß Jesus seine Wunder von Gott empfängt, und daß er als der Ringende Wunder tut. ›Seufzen‹ ist ein starker Ausdruck, den Paulus für das innerste Ringen der Christen gebraucht . . . Dem entspricht es, daß die Krankheit hier wieder (s. z. 1,32 f.) als dämonische Macht erscheint. Dies ist gemeint, wenn von einem Band der Zunge gesprochen wird, und wenn zum *ganzen Menschen* (denn so ist das Ephphatha gedacht) gesagt wird: Sei aufgetan! Ein Verschlossener, Gebundener wird befreit . . .«

Gewalt des Feindes: Lk 10,19. Die Vollmacht der Gemeinde ist also Vollmacht der Siege Gottes und der Werke Gottes.

Gemeinde Gottes aber ist Gemeinde der Gesetzeserfüllung:[1]

1 Vgl. zu Mt 5,20: »Es geht darum, ob das Tun des Guten wirklich gelingt, ob die Gerechtigkeit, vom Gesetz gefordert, wirklich geschieht (Röm. 8,4); ob sie ganz geschieht (Mt. 5,48) oder teilweise, d. h. gar nicht (Jak. 2,10). Genau dieser Vorwurf gegen die Pharisäer kehrt in den Jesusworten immer wieder. Sie wissen um Gottes Gesetz, aber sie tun es nicht (Mt. 23,3); ihre Erkenntnis und ihre Tat widersprechen sich jäh (Mk. 12,40; Röm. 2,17 ff.) . . . Und es gibt nur *einen* Weg zu Gottes Herrschaft und Reich: Gottes Gebot und Gesetz . . . Jesus ist Gottes Gesandter, der die Erfüllung des Gesetzes schenkt, Erfüllung der Tat (17). Denn das Gesetz gilt unbedingt, solange dieser Weltenlauf besteht (18). Darum hängt von der Erfüllung auch der kleinsten Gebote die Stellung des einzelnen in Gottes Herrschaft ab (19). Tut also, was Gerechtigkeit heißt, besser als die jüdischen Frommen! Nur dies ist der Weg zu Gottes Herrschaft (20)« (Matthäus-Kommentar, S. 54).

Und zu Mt 5,21 f.: » . . ., sofort die beiden folgenden Beispiele, V. 23 f. und 25 f., zeigen, daß Jesus mit einer wirklichen Erfüllung seiner Forderung rechnet, im ganz alltäglichen Leben. Seine Forderung lebt also nicht in irgendeinem idealen Reich der ›Gesinnung‹ fern vom wirklichen Tun. Aber diese Erfüllung ist etwas ganz Neues, jenseits der ausweglosen Verurteilung, die in V. 22 ausgesprochen war. Die Erfüllung ist also ein von Gott gewirktes Wunder: vgl. Mk. 10,27« (a.a.O., S. 57).

Und zu Mt 5,48: »Nur des Vaters eigene Art kann dies ›Besondere‹ sein (47), das ewigen Lohn (46) findet. So sagten es alle Seligpreisungen. So wird es hier (48) mit dem höchsten denkbaren Wort beschrieben: vollkommen, wie der Vater im Himmel vollkommen ist. Dies Wort scheint unfaßlich angesichts dessen, was die Seligpreisungen und Gegensatzsprüche von Gottes Gericht verkünden. Aber zugleich setzen sie voraus, daß bei Jesu Jüngern ein Neues entsteht, das Gottes eigene Art trägt. Dies Neue, das wunderbar, gleichsam jenseits der Jünger (V. 16) aus Gottes Allmacht (Mk. 10,26 f.) durch sie geschieht, wird hier ›Vollkommenheit‹ genannt . . .« Die Bibel »sagt, daß unser Leben und Tun ein in sich geschlossenes Ganzes werden kann. Ganz für Gott! wie er in sich einheitlich, sich selber gleich ist. Jesus nimmt das alttestamentliche Grundwort ›Ihr sollt heilig sein, denn ich bin heilig‹ (3. Mose 19,2; 1. Petr 1,16) auf. Es erfüllt sich bei seinen Hörern. Denn er, Jesus, ist die Erfüllung der alttestamentlichen Erwartung. In ihm ist Gottes Herrschaft, Gottes Liebe. Gottes Vaterschaft Gegenwart« (a.a.O., S. 70).

Und nun noch eine klassische Formulierung zu Mk 7,22: »*Damit das Gesetz erfüllt werde, muß es aufgehoben werden;* das ›Gesetz des Messias‹ hebt das Gesetz des Mose dadurch auf, daß es ›ins Herz geschrieben‹ wird (Jer. 31,33; Röm. 8,4) . . . Nur ein ›neues Herz‹ wirkt ein neues Tun« (Markus-Kommentar, S. 101; Hervorhebung im Original).

Gemeinde in der *Freiheit*! »Für die Freiheit hat uns Christus frei gemacht« (Gal 5,1a) – so hat Paulus gesprochen. Damit meinte er die Befreiung vom Fluch des Gesetzes, von der Sklaverei der Sünde, von der Angst des Herzens. Gerade diese Befreiung aber bewirkt der Heilige Geist (2. Kor 3,17). Nun können die Früchte des Geistes wachsen (Gal 5,22 f.): Gottes eigene Werke können in den Jüngern offenbar werden (Mt 5,16). Das meint Paulus mit der Aussage: »Denn sein Kunstwerk sind wir, geschaffen (= wiedergeboren) im Messias Jesus zu guten Werken, die Gott im voraus bereitet hat, daß wir nur noch in ihnen zu wandeln brauchen« (Eph 2,10, übertragen von O. S. v. Bibra).

Nun kann allerdings diese Freiheit und Vollmacht, vor Gott zu stehen, sofort zum Schaden werden, wenn wir daraus *unsere* Freiheit machen (vgl. die Korinther!). Deshalb kann es sein, daß man – gerade um der Freiheit vom Gesetz willen – auf die Freiheit verzichten muß (vgl. 1. Kor 9!). Paulus verzichtet auf seine Freiheit, damit das Evangelium rein als Evangelium erscheine. »Die Liebe Christi schlägt uns in Bande« (1. Kor 5,14).

Es gilt also nur das Eine, nicht aus der Liebe Jesu, nicht aus seiner Gnade zu fallen. Liebe ist freilich nicht ethische Qualität.

Alle diese Vollmacht ist

5. Die Vollmacht des Charismas und des Amtes

Die Gemeinde ist kein Kollektiv, sondern es sind lebendige Menschen. Es gibt Gemeinde nur in den einzelnen. Und *jeder einzelne Christ hat sein Charisma:* die Verheirateten wie die Ehelosen, die Verwalteten wie die Armenpfleger, die Heilenden wie die Helfenden und Dienenden (vgl. Röm 12,6–8; 1. Kor 7,7; 12, 7–11.28–30; 1. Petr 4,10!).

Wenn Gott uns ruft, ruft er uns mit und zu einer bestimmten Aufgabe, *nie* anders! Er ruft uns zu einem bestimmten Dienst (Amt; *diakonia*). Und zu diesem Dienst gibt er uns die entsprechenden und nötigen Gnadengaben. So sind alle Gaben des Geistes nur in und zu einem ganz bestimmten *érgon* (»Aufgabe, Wirksamkeit«) da.

Alle Gaben des Geistes aber sind Gaben des Wortes: sie zielen nur darauf, daß das Wort Gottes in ganz bestimmte Lebenslagen hinein gesagt werden kann und in ihnen zur Verwirklichung gelangt.[1]

Also gibt es keinen Gegensatz zwischen Charisma und Amt. Das Amt ist ja, wenn es im neutestamentlichen Sinn als *diakonia* ausgeübt wird, getragen und durchwirkt von Charismen. Es würde gelten, diese charismatische Dimension in der Wirklichkeit der *ekklesia* neu zu sehen, d. h. wieder zu entdecken.

Unter den Charismen müßte vor allem *die Prophetie* wieder mit Eifer erstrebt werden (1. Kor 14,1b.39a). Aber wie geschieht das? Nur im Hören und Gehorchen, das sich *tief beugt*. Im übrigen wirst du die Prophetie, das eigentliche und höchste Charisma, nur in dem Maße haben, als du selbst ein Glaubender bist – nur »nach der Analogie des Glaubens« (Röm 12,6) –, die Prophetie, bei der es dann so geht, wie Paulus es schildert: »Wenn aber alle prophetisch reden, und es kommt ein Ungläubiger und Unkundiger herein, so wird er von allen überführt (im Gewissen getroffen), von allen beurteilt, das Verborgene

1 So kann Schniewind bei anderer Gelegenheit folgendermaßen formulieren: »Erneuerung unseres Verkündens bedeutet Erneuerung der urchristlichen Charismatik: Prophetie (1. Kor. 14,24 f.), Lehre (auch Gal. 6,6), Paraklese (Röm. 12,7 f.). Diese Charismatik schließt die Charismatik der Handlauflegung (1. Tim. 4,14; 2. Tim. 1,6) in sich.« (Schniewind, Die geistliche Erneuerung des Pfarrerstandes, Berlin 1947, S. 6, These 13. Dieser Aufsatz Schniewinds wurde zuletzt abgedruckt in: J. Schniewind, Geistliche Erneuerung, Göttingen 1981, S. 123–147.) – Allerdings besteht auch folgende Gefahr: »Das Charisma kann gleichsam in Asche versinken (2. Tim. 1,6), es kann verlorengehen; aber: anazōpýrei tò chárisma toû theoû« (»entfache das Charisma Gottes wieder zu heller Flamme«) (S. 37, zu These 13).

seines Herzens wird offenbar, und so wird er niederfallen auf sein Angesicht, Gott anbeten und bekennen: Wahrhaftig, Gott ist in eurer Mitte!« (1. Kor 14,24 f.).[1]

Dabei steht die Gemeinde unter der Verheißung von Jer 31,33: Allen Erlösten ist der Wille Gottes in ihr *Herz* hineingeschrieben.[2] Das aber heißt: Jetzt *geschieht* das Gesetz Gottes tatsächlich, jetzt wird – in der Kraft des Heiligen Geistes – der Wille Gottes wirklich erfüllt, jetzt werden die Weisungen und Aufträge *(entolai)*, die Jesus den Seinen jeweils gibt, ausgeführt, und zwar von Herzen (Kol 3,23), nämlich aus Liebe zu ihm (Joh 14,15).

So ist der Fluch des Gesetzes aufgehoben, aber das Werk des Gesetzes – d. h. die Verwirklichung des göttlichen Willens – geschieht in der Gemeinde nun *gerade*, so daß Paulus sagen kann: Die Rechtsforderung des Gesetzes wird erfüllt *in uns*, die wir uns nicht mehr von der Selbstsucht (»dem Fleisch«) bestimmen lassen, sondern vom Geist (Röm 8,4!).

Erkennbare Ämter haben wir seit dem Römerbrief. Andrerseits aber geht das Amt nun wirklich im Neuen Testament niemals in einer neuen Gesetzlichkeit auf, auch nie in einer starren Amtlichkeit. Diese Fehlentwicklung beginnt erst viel später, nicht vor dem Ende des ersten Jahrhunderts, nämlich mit dem 1. Clemensbrief.[3] In den Pastoralbriefen ist wirklich noch die le-

1 Dazu berichtet Hans-Joachim Kraus: »Sehr häufig hat Schniewind mit großem Ernst und mit einer von Staunen erfüllten Stimme 1 Kor 14,24.25 zitiert« (a.a.O., S. 256).

2 Vgl. zu Mt 11,29: »Jesus redet von einem *Joch*, das er den Seinen auflegt. Er bringt ein neues Gebot (Joh. 13,34), ein neues Gesetz (Gal. 6,2; 1. Kor. 9,21), das Gesetz des Messias, das ins Herz geschrieben wird (Jer. 31,31 ff.; Mt. 5,17–20; Röm. 8,4). Dies Gesetz lernt man, wie man nur je bei einem Rabbi und einem Lehrer lernte (. . .); man kann bei ihm lernen, ohne zu ermüden, ohne unerträgliche Last, denn sein Joch ist ›süß‹ . . .; dies Gesetz selbst bedeutet Freude, denn ›seine Gebote sind nicht schwer‹ (1. Joh. 5,3). Hier ist in einem einzigen Spruch alles zusammengefaßt, was in Mt. 5,17–48 verkündet wurde . . .« (Matthäus-Kommentar, S. 150).

3 Vgl. dazu den lebendigen Bericht über diese tragische Entwicklung in: Erich Schnepel, Jesus im Römerreich. Der Weg der Gemeinde Jesu in den ersten vier Jahrhunderten, Bad Liebenzell 1977 (10. Auflage).

bendige Stimme des Geistes da. Da weiß man noch, daß es um das lebendige Wort, um die Kräfte der zukünftigen Welt, um das reine Gewissen geht: von Gewissen zu Gewissen (2. Kor 4,11).

Sollte es uns anders gehen als dem Apostel, den nur die eine Furcht leitet, er möchte selbst des Evangeliums nicht mehr teilhaftig sein, das er anderen als Herold verkündigt hat (1. Kor 9,27)!?

Wer sollte sich nicht fürchten?!

Aber diese Furcht ist verschlungen in den Gehorsam des Glaubens, der in der Kraft der Liebe Gottes geschieht.

Vollmacht und Heiligung

Otto Michel

1. Die Heiligung des Volkes Gottes

a) Wenn ich von J. Schniewind sprechen soll, dann möchte ich in ihm den Mann des Gehorsams, der Heiligung und der Vollmacht sehen. Diese drei Kennzeichen seines Christenstandes gehören ganz eng zusammen (wobei auf das Wort »Gehorsam« ein besonderes Licht fällt). Ursprünglich sind sie in der Taufe miteinander verbunden, denn in der Taufe werden wir unter Gott selbst gestellt, durch ihn zum Gebet ermächtigt und zu den Krisen unseres Lebens geführt (Joh 16,33: »Anfechtung«, M. Luther: »Angst«). Gehorsam, Heiligung und Vollmacht führen uns in die Heilsgeschichte Gottes ein; wir werden solidarisch mit Moses, mit Jesus, dem Anfänger und Vollender des Glaubens, und mit Paulus. In Jesus ist uns der *Schlüssel zur Heilsgeschichte* gegeben; hier tut sich die andere Welt auf, und wir lernen, in unserer Gegenwart das Reich Gottes gehorsam anzunehmen. Wir sind dankbar, zum Werkzeug und Dienstträger Gottes zu werden.

Das Besondere an J. Schniewind war, daß er von Anfang an den Weg der »Bekennenden Kirche« mitging. Auf diesem Weg wurden Gehorsam, Heiligung und Vollmacht von entscheidender Bedeutung. Diese drei katechetischen Grundwahrheiten gab er uns, seinen Schülern, weiter. Wir kamen von diesen Jahren nicht los und hatten dies Geschehen in neuen Anfechtungen zu bewähren. Trotz der Verschiedenheit von Zeit und Situation war diese Lehrweise Schniewinds *unwiderruflich.* Die Heilsgeschichte blieb die gleiche, die Situation veränderte sich. Ich selbst habe dabei von Anfang an auf J. G. Hamann geachtet, der den Weg der Offenbarung anders sah als die allgemeine Entwicklung der Philosophie und Theologie. Unser biblischer Auftrag band Theologie und Kirche zusammen; Kirche und Theologie wurden Dienstträger für die Heilsgeschichte im engeren Sinn. Wir achteten aber auch auf die äußere Politik und Sozialgeschichte, denn der Weg der »Bekennenden Kirche« ging auch in die Räume des allgemeinen Schicksals Deutschlands. Vielfach endete ein theologisches Programm mit dem Jahr 1945: Man ging zu politischen Wünschen, Reformplänen und neuen Ideologien über; J. Schniewind aber rief allein zur Erneuerung der Kirche und der Theologie auf.

Bei der Erziehung des theologischen Nachwuchses wehrte ich mich (vor allem auf den Ferienseminaren der Pfarrer-Gebets-Bruderschaft) 1. gegen die Existentialisierung und Entmythologisierung der biblischen Hermeneutik, 2. gegen die Versuche, das akademische Leben in den Studentenunruhen 1967/68 zu stören und 3. neuerdings gegen die Verleihung des Leopold-Lucas-Preises an den Dalai Lama durch die Evang.-Theologische Fakultät Tübingen. Dieser Weg war nur möglich im konkreten Gehorsam, in der Heiligung durch das biblische Wort und durch die Vollmacht meines akademischen Amtes. Dabei ging es immer um die Autorität der Bibel und die Kraft des exegetischen Wortes. Ich wußte, daß es um Gehorsam, Heilung und Vollmacht ging, und war letztlich im dauernden Gespräch mit J. Schniewind, H. J. Iwand und D. Bonhoeffer, die mir von früher her vertraut waren.

b) Wenn ich mit der apostolischen Verkündigung einsetzen will, so fällt auf *1. Petr* meine besondere Aufmerksamkeit. Der Eingang spricht zu den Fremdlingen in der Zerstreuung, die erwählt sind nach der Vorsehung Gottes in der Heiligung durch den Geist, zum Gehorsam und zur Besprengung mit dem Blut Christi. Damit ist schon im Eingang (1. Petr 1,1 f.) die gesamte Struktur der göttlichen Heiligung zusammengefaßt. Die Gemeinde besteht aus Fremdlingen in der Zerstreuung; sie ist erwählt durch Heiligung im Geist, durch Gehorsam und durch die Besprengung mit dem Blut Jesu Christi. Ursprünglich denkt der Apostel an eine Teilhabe an Israel, an eine Fremdlingschaft und Zerstreuung, die durch die Verheißungen Gottes getröstet und aufgerichtet wird. *Heiligung durch den Geist, Gehorsam und Besprengung mit dem Blut Jesu Christi sind der Dreiklang, der aus dem Alten Testament in das Neue überleitet.*

Vorausgesetzt ist die Planung und Vorsehung Gottes, die den ganzen Prozeß trägt; alle christliche Verkündigung ist zunächst Anbetung, Danksagung und Hingabe an den Vater. Alle Heilsgeschichte ist nur dann echt und vollständig, wenn sie die Anbetung, den Dank und die Hingabe an Gott, den Vater, zum Thema hat. Heilsgeschichte darf nicht aus abstrakten Begriffen und menschlicher Biographie zusammengesetzt werden. Von Anfang an steht das Israelproblem im Vordergrund: Wir sind bleibend, dank der Vorsehung Gottes, mit Israel verbunden, aber auch von Israel getrennt: durch die charakteristischen Prozesse der Heiligung, durch den Geist und durch die Besprengung mit dem Blut Jesu Christi. Die Gemeinde hat kein Recht, von Israel abzusehen. Durch die Planung Gottes sind »Erwählung«, »Zerstreuung«, »Fremdlingschaft«, »Heiligung«, »Heiliger Geist«, »Gehorsam«, »Reinigung« und »Besprengung« wohlbekannte hebräische Begriffe; sie wurden hier schon durch das Judentum ins Griechische übertragen und in beiden Sprachen aus dem Judengriechisch in den liturgischen Sprachgebrauch der christlichen Gemeinde übernommen. Eine neue Tradition stellte diese hebräischen und griechischen Begriffe in eine Periode, die Gehorsam und Besprengung mit dem Blut Jesu Christi eng miteinander verband. Die Worte »Jesus Christus« beenden diese Satzperiode. Abklingend fügt sich die Grußformel »Gnade und Friede möge sich in Fülle auf euch legen« zum Schluß an.

Wir erkennen einen deutlichen Zusammenhang mit der altbiblischen Wendung »Erfülltwerden mit dem Heiligen Geist« (Lk 1,15.41.67; Apg 2,4 ff.). Gnade und Friede wächst in einer Gemeinde, wenn Menschen vom Heiligen Geist erfüllt werden. Das Element der »Fülle« darf nicht verwischt werden (»viel Gnade« in der Übersetzung genügt nicht).

c) Der uns überlieferte Vortrag J. Schniewinds aus der Zeit der »Bekennenden Kirche« spricht von der *Vollmacht*, die der Kirche Jesu Christi übergeben ist. Wohlgemerkt: Die Kirche Jesu Christi ist mehr als der einzelne, der in der Kirche aufgerufen ist. Wenden wir uns an den einzelnen, dann verschiebt sich der Blick vom Geber auf den Beschenkten, was tunlichst vermieden werden sollte.

J. Schniewind spricht

1. von der »Vollmacht der Verkündigung und des Geistes«. Wort und Geist gehören eng und unauflöslich zusammen. Schniewind kämpft immer gegen die Verkürzung und Banalisierung der biblischen Verkündigung. Die biblische Verkündigung bleibt etwas Einmaliges und Unaufgebbares. Sie interpretiert nicht das Zeitgeschehen oder das Zeitinteresse, sondern sie spricht *im Namen des Heiligen Gottes*.
2. Er spricht von der »Vollmacht der Vergebung und des Gerichtes«. Falsch ist die Entgegensetzung, als gehöre das Gericht in das Alte Testament, die Vergebung in das Neue. Gerade darin liegt die Verkündigung Jesu Christi, daß er Herr ist über Gottes Gnade und Gottes Gericht. Die Vollmacht Jesu Christi darf nicht zur Eigenmächtigkeit einer Konfession oder einer selbständigen und eigenwilligen Frömmigkeit werden, die nach der Gunst von Menschen etwas aussagt. Die Kirchengeschichte wird uns an diesem Punkt besonders unheimlich. Hebr 10,31 darf nicht vergessen werden: »Schrecklich ist's, in die Hände des lebendigen Gottes zu fallen«; Hebr 12,29 bestätigt: »Denn unser Gott ist ein verzehrend Feuer.« Alttestamentliche Motive der Heiligkeit Gottes gehen tief in die neutestamentliche Verkündigung ein und bewahren sie vor Verfälschung.

3. Schniewind redet von der »Vollmacht des Gebets und des Wunders«. Gebet und Wunder gehören grundsätzlich zusammen; Mt 17,20 lautet: »Wenn ihr Glauben habt wie ein Senfkorn, so könnt ihr sagen zu diesem Berge: Hebe dich von hinnen dorthin!, so wird er sich heben; und euch wird nichts unmöglich sein.« Die Aussage Jesu ist dem Inhalt nach eine Verheißung, der Form nach eine Regel, die nicht auf Ausnahmen Rücksicht nimmt. Sie erweitert unseren Blick über den Alltag und über die weltliche Erfahrung hinaus. *Diese Erweiterung unseres Blickes ist notwendig, da unser Kleinglaube immer an dem Glauben Jesu gemessen werden soll.* Die Wunder Jesu setzten sich in der Alten Kirche lange Zeit fort, sie dürfen zum Hintergrund des Wortes Gottes gerechnet werden.
4. Schniewind spricht ausdrücklich vom »Sieg Gottes und seines Werkes«. Wir stehen als eine irdische Gruppe immer stark unter dem Eindruck der Niederlagen, der Verfehlungen und der versäumten Gelegenheiten. Das Negative und Unvollkommene drängt sich täglich auf: nur ein Schwärmer kann diese Negation übersehen. Aber Jesu Vollmacht ist die Verwandlung unserer Niederlage in das Wort des Siegers: »In der Welt habt ihr Anfechtung, aber seid getrost, ich habe die Welt überwunden« (Joh 16,33).
5. Und Schniewind nennt »Charisma und Amt«. Das Charisma als persönliche Gabe ist die Voraussetzung unseres Dienstes und der menschlichen Möglichkeit, an der Heiligkeit Gottes Anteil zu haben. Sie beruft sich ausdrücklich auf das Gleichnis 1. Kor 12,4 ff.; Röm 12,4 ff. Es geht um die Wahrheit des Leibes Christi und um die Vielheit seiner Glieder. Die Wahrheit des Leibes Christi steht im Vordergrund. Das Ausgerichtetsein auf den einen Leib ist das Bestimmende in der Bildrede, nicht die Eigenart der Vielen, die zum Dienst berufen sind. Wir haben in der Nachkriegszeit Bewegungen gehabt, die sich in besonderer Weise auf das

Charisma beriefen; jetzt ist Berufung auf das Charisma in der Gemeinde oft verdächtig geworden. *Viele Christen empfinden eine Verschiebung des Schwergewichtes von der Rechtfertigung weg hin auf eine Schwärmerei.* Wo die Rechtfertigung nicht durch die Heiligung bestätigt und ergänzt wird, sondern eine schwärmerische Inspirationslehre die Lehre von der Rechtfertigung gefährdet, ist J. Schniewind bestimmt mißverstanden.

d) Der Vortrag von J. Schniewind stammt aus dem damaligen Kirchenkampf; er will eine selbständige geistliche Entwicklung einleiten, bleibt aber im politischen Rahmen vorsichtig. Daß ein Verderben des deutschen Volkes, ein naher Untergang im Anzug ist, war J. Schniewind nicht verborgen. Daß er als deutscher Theologe neben dem Schweizer K. Barth und neben dem jüngeren Deutschen D. Bonhoeffer seinen Platz hat, weiß jeder von uns. Er griff aber nicht unmittelbar in die Politik ein, sondern ließ dem nahen Verderben seinen Lauf. Bekannt ist aber eine Szene, in der er öffentlich und ausdrücklich dem ostpreußischen Oberpräsidenten E. Koch widersprach. Von einem »deutschen Messias« öffentlich zu sprechen war eine Provokation, der er sich stellen mußte. Ob J. Schniewind über die Katastrophe hinaus politische Erwartungen hegte, kann ich nicht sagen. Jedenfalls aber hat er im März 1938 auf den Brandbergen bei Halle mir einen Auftrag gegeben, für die eventuelle Nachkriegszeit bereit zu sein: sie werde unvorstellbare Aufgaben uns stellen. J. Schniewind selbst wollte in der Nachkriegszeit die evangelische Kirche auf ihr geistliches Erbe zurückführen, wie er auch als Propst selbst Seelsorgedienst an Pastoren im einfachsten und tiefsten Sinn ausübte. Er blieb als Propst Seelsorger; Erweckung war für ihn Gehorsam, Heiligung und Vollmacht zur Sündenvergebung.

e) *Das Wort »Heiligung« ist ursprünglich ein wichtiges Urwort der Bibel.* 1. Petr 1,16 zitiert 3. Mose 19,2: »Ihr sollt heilig sein, denn ich bin heilig.« Damit ist eine bestimmte Aufgabe an Israel gestellt, die jetzt in einer anderen Form der Gemeinde Jesu Christi zugesprochen wird. Dann folgt ausdrücklich 1. Petr 2,9: »Ihr aber seid das auserwählte Geschlecht, das königliche Priestertum, das heilige Volk, das Volk des Eigentums, daß ihr verkündigen sollt die Wohltaten des, der euch berufen hat von der Finsternis zu seinem wunderbaren Licht« (2. Mose 19,6; Offb 1,6). Diese große Würde Israels ist an die Bedingung geknüpft: »Werdet ihr nun meiner Stimme gehorchen und meinen Bund halten, so sollt ihr mein Eigentum sein vor allen Völkern; denn die ganze Erde ist mein« (2. Mose 19,5). Die vorsichtige Bedingung des alttestamentlichen Textes ist ebenso von Bedeutung wie der Ton des Jubels und der Gewißheit in der neutestamentlichen Ergänzung. Beides darf nicht mißverstanden, aber auch nicht unterschlagen werden. Wir stellen fest, daß der Begriff »Heiligung« ganz zentral in die Israeltheologie gehört, *der die Gemeinde Jesu zugeordnet wird.* Es ist wahrscheinlich, daß wir hier auf eine Schicht alttestamentlicher Zitate stoßen, die zum ältesten Gut urchristlicher Überlieferung gehört.

Nicht unwichtig ist es, diese »Heiligung« mehrfach entfaltet zu sehen:

1. Die Gemeinde Jesu führt einen guten Wandel unter den Heiden, damit sie die guten Werke sehen und Gott preisen (1. Petr 2,12).
2. Sie ordnet sich der menschlichen Obrigkeit unter, die den Auftrag hat, Ungerechte zu strafen und Rechtschaffene zu belohnen (1. Petr 2,14 ff.).
3. Sie vermag um Gottes willen das Übel zu ertragen und Unrecht zu leiden. »Aber wenn ihr um guter Taten willen leidet und das ertragt, das ist Gnade bei Gott« (1. Petr 2,20).

   Dieser Eigenweg der Gemeinde zeichnet deutlich den Weg der Heiligung, des Gehorsams und des Leidens ab. Das Besondere und Eigentümliche ist die Darstellung des geschichtlichen Weges Jesu, seines Opferganges, seiner Leidensbereitschaft, seiner Heilsbedeutung als der rechte Hirte, dem die Schafe zu folgen haben (1. Petr 2,24 f.). Hier liegt die Mitte und das Schwergewicht der urchristlichen Mahnung. Die alttestamentliche Tradition wird ständig eingearbeitet, sie bleibt das an Israel gerichtete Wort. Aber sie ist nunmehr geöffnet für die urchristliche Gemeinde und will in dieser Eigenbedeutung ernstgenommen werden. Sie bringt eine neue Dimension mit, die erfüllt und ergänzt, aber vor allem für die Heiden von Wichtigkeit ist. *Dank der Erwählung ist Heiligung ein Geschehen Gottes an Israel und an der Gemeinde Jesu; auf dies Geschehen von Gott her haben wir als Gemeinde Jesu zu antworten in Gehorsam, Heiligung und Hingabe zum Opfer.* In diesem Gehorsam, in dieser Heiligung und Hingabe verrichtet Gott selbst sein eigenes Werk an uns, wir sind also nicht uns selbst überlassen.

2. Der Kampf des Geistes Gottes gegen das fromme und unfromme Fleisch

a) Ausgangspunkt unserer biblischen Betrachtung bleibt das Wort und die Sendung Jesu. Beides wird entfaltet in den verschiedenen Evangelien, in der Mission des Paulus und in der übrigen Literatur des Neuen Testamentes; vor allem ist auf das Wort des 1. Petr hinzuweisen, dann aber auch auf 1. Joh. Entscheidend ist, daß Mt 6,5 ff. gegen die »Heuchler« gerichtet ist: Sie sind die besondere Front, gegen die das erste Evangelium kämpft. Das entscheidende Merkmal der »Heuchler« ist das Hängen am eigenen Ich und an der eigenen Frömmigkeit: Man sucht sich selbst, seine eigene Gerechtigkeit in den Synagogen und auf den Gassen darzustellen und dadurch alle anderen Menschen zu erziehen. *Wenn man nicht Gottes Gerechtigkeit gefunden hat, sucht man mehr oder weniger alle anderen Menschen zu erziehen.* Damit ist der Kern der neutestamentlichen Frömmigkeit aufgedeckt: Das ganze Neue Testament steht im Zeichen des Kampfes des Geistes gegen das Fleisch. Von Anfang ist diese begriffliche Zuspitzung typisch für das Neue Testament, aber auch für seine Auslegung des Alten Testamentes. *Die biblische Botschaft ist immer polemisch;* hier liegt der eigentliche Kern der urchristlichen Verkündigung. In der Begegnung mit dem Heiligen Geist erkennt man, was von Gott kommt und was wir selbst sind und wollen. Hier liegt der Grund dafür, daß die Rechtfertigung des Sünders den eigentlichen Münzwert darstellt, die Heiligung dagegen die Prägung der Kehrseite einer Münze. Beides gehört zusammen, ist nicht voneinander ablösbar.

In der Neuzeit war es Kierkegaard, der im Zeichen dieses Kriteriums gegen die damalige kirchliche Öffentlichkeit den Kampf führte; an dieser Stelle stand auch J. Schniewind und führte den Kampf um den guten Ruf des Christenstandes, um den rechten Gehorsam und seine Abgrenzung gegenüber der Obrigkeit und in der unerschütterlichen Bereitschaft, zu leiden (1. Petr 2,11–17).

Unvergeßlich bleibt mir der Augenblick, als ich ihn warnte, noch einmal seine Arbeit in Halle/S. aufs Spiel zu setzen, nachdem er wieder gerufen worden war, nach Ostpreußen zu fahren. Er antwortete kein Wort, und am nächsten Tag war er in Ostpreußen bei den bedrängten Brüdern.

Den Kampf gegen das eigene Fleisch führt man nur im Kampf gegen das eigene Ich. Im Kampf mit dem eigenen Ich führt Jesu Wort und Hilfe uns zum Sieg. Jesu Wort und Hilfe brechen uns täglich aufs neue auf, decken immer neue Abgründe des eigenen »Ich« auf und treffen uns damit selbst.

Wir waren kürzlich auf dem Hesselberg und sprachen von der Unzulänglichkeit und Schwierigkeit aller bisherigen Heiligungsbewegungen des Inlandes und Auslandes, sprachen auch von der Warnung der »Berliner Erklärung« des Gnadauer Verbandes, waren uns aber einig, daß auf jeden Fall die Heiligung in Anbetung, Kampf gegen das eigene Ich und Hingabe des Lebens in den Mittelpunkt rücken muß. Eine dringliche Notwendigkeit bleibt das Wort: »Jaget dem Frieden nach gegen jedermann und der Heiligung, ohne die niemand den Herrn sehen wird« (Hebr 12,14). Die Rechtfertigung ist die Grundlage unseres Bekenntnisses; die Heiligung des Namens Gottes auf jedem Gebiet des menschlichen Lebens bleibt die Grundstruktur des Glaubens, Lebens, Denkens und Handelns. Damit ist mitten im Aufruf zum »Frieden« der Kampf des Geistes gegen das Fleisch gegeben.

b) Alle Referenten auf dem Hesselberg 1987 sprachen vom Vater unser als dem Kern der Botschaft Jesu: »Dein Name werde geheiligt. Dein Reich komme. Dein Wille geschehe ...« (Mt 6, 9 ff.). Das Gebet zum Vater, der Durchbruch durch alle menschlichen Möglichkeiten, die Betonung von Name, Reich und Wille Gottes muß uns ständig vor Augen stehen; das Wissen um das Kommende muß unsere gegenwärtige Situation erfüllen und vollenden. Unser Wort bleibt dieser Grundlegung verhaftet und kommt nicht von ihr los: Damit ist die Heiligung gegeben. Wir denken auch daran, daß die »Heiligung des Namens« im altbiblischen Judentum auch das Martyrium einschließen kann (vgl. die Schilderung von Gethsemane in Mt 26,36–39). Name, Reich und Wille Gottes sind heilige Begriffe, die täglich eingeübt und umgesetzt werden wollen. Das Himmlische, das Unirdische, das Geisthafte will unbegrenzt und in jedem Augenblick in unser Leben eintreten; das Irdische, das Welthafte, das Fleischliche darf nicht das letzte Wort behalten. Das Wort 1. Joh 2,15–18: »Wer aber den Willen Gottes tut, der bleibt in Ewigkeit« darf nicht außer acht bleiben. Nicht das Wort allein, sondern das Wort, das gehört und getan wird, ist das Zeichen der biblischen Frömmigkeit. Wir führen keinen

Kampf gegen das scheinbar unbestimmte Wort »Frömmigkeit« – es hat seine biblische Bedeutung auch in seiner Unbestimmtheit, aber es bezeichnet letztlich die eigentliche Hingabe an Gott und den Ernst des *ersten* Gebotes. Wir wollen nicht biblische Frömmigkeit gering achten, sondern mit der biblischen Frömmigkeit uns von aller falschen Welthaftigkeit lösen. Die falsche Welthaftigkeit kann auch unsere Exegese verderben. Der Kampf um die kritizistischen Wurzeln exegetischer Theologie darf nicht zu früh abgebrochen werden: Wir wollen eine Ordnung unseres kritischen Denkens erarbeiten, die wohl historisch gewissenhaft, aber doch biblisch-theologisch sauber aus der Heilsgeschichte selbst schöpft. J. Schniewind nahm jede gewissenhafte Arbeit in der Exegese ernst, warnte aber vor jeglichen Kurzschlüssen, die zunächst so naheliegend und verführerisch sind. Nach seiner Überzeugung muß alles Denken in einem *Um*denken wurzeln, das zur ständigen Bewegung wird. Das ist die bleibende Stimme der Reformation.

Gegenwärtig haben wir die wichtige Aufgabe, den biblischen Offenbarungsansatz und den Einstieg der Menschwerdung Gottes bei J. G. Hamann ganz ernst zu nehmen. Gottes Bund mit Israel, die Menschwerdung Gottes in Jesus Christus sind das eigentliche Thema der Heilsgeschichte. Es geht nicht um eine Abstraktion, sondern um unser persönliches Heil. Ausgangspunkt ist Gottes Bundes- und Heilsgeschichte; in ihr vollzieht sich auch unsere eigene Begegnung mit Gott hier und jetzt. Wir lösen uns daher von der rationalistischen und kritischen Methodik ab und suchen mit J. G. Hamann einen neuen Weg, die Bibel zu verstehen. Es wäre interessant, die Spuren J. G. Hamanns auch bei M. Kähler und J. Schniewind nachzuprüfen. Sie haben nicht das Offenbarungshandeln Gottes an die Aufklärung preisgegeben. Vielleicht liegt unsere heutige Situation noch etwas anders als bei unseren Vätern, weil wir inzwischen das starke Gewicht des Alten Testamentes und die Eigenart des hebräischen Denkens noch ernster genommen haben. Eine Verlagerung der Akzente ist sicher notwendig. In den Einleitungsfragen stimmen wir denen zu, die die Berücksichtigung der altkirchlichen Tradition ernst nehmen. Vor allem die Umsetzung aus dem mündlichen Hebräisch und Aramäisch in griechische Form und Begrifflichkeit verlangt, wie auch bei Josephus, das Ernstnehmen von Zwischengliedern zwischen Autor und Zuhörer; auch äußere Behinderung, z. B. Gefangenschaft, kann eine Abfassung durch einen Vertreter verständlich machen. Das Ernstnehmen der Tradition und der Traditionsgeschichte hat manche kritischen Fragen leichter gemacht, ist aber auch nicht mehr als ein Aspekt in der Vielfältigkeit der exegetischen Methodik.

Es ist mir immer wichtig gewesen, das geschichtliche Erbe *J. G. Hamanns* aufzuarbeiten. Es war das bleibende Verdienst W. Lütgerts in Halle/S., seine Hörer auf diese Gestalt des Nordens hinzuweisen. Daß die Theologiegeschichte so unbedenklich an ihm vorüberging, halten wir für eine schwerwiegende Unterlassung. Daß in der Gegenwart die Arbeit an J. G. Hamann wieder aufgenommen wird, ist eine Verheißung für die Zukunft. W. Lütgert arbeitete allerdings in dem Zusammenhang mit der romantischen Frömmigkeit und zeigte auch skurrile Formen auf; aber es gibt doch auch die Möglichkeit, von M. Luther aus den Durchbruch zum biblischen Denken und ein Freiwerden für biblische Erkenntnisse aufzuweisen. Vor allem ist bei ihm sein beispielhaftes Verständnis des eigenen Ich, das an den Geschichtsprozeß ausgeliefert wird, wichtig. Der Durchbruch des beispielhaften Ich aus dem Verfall zur Begnadigung ist hier bezeichnend. *Die Einbettung des Ich in eine konkrete Geschichte Gottes mit einem Menschen ist kennzeichnend.*

Es ist nicht unwichtig, wie wir den Weg durch die Philosophie und die Systematik finden; auf keinen Fall aber soll unsere philosophische Arbeit und unsere Systematik unkontrollierbar oder unklar werden. Ich habe hier auf Erden ganz konkret und kontrollierbar meine Wege nachzuzeichnen und zu überschauen; das entscheidende Merkmal echter Vernunft ist meine Verantwortlichkeit vor Gott. In der Gegenwart mehren sich die Stimmen, die historische Kritik und philosophische Arbeit der beiden letzten Jahrhunderte einfach überspringen wollen und an irgendeinen Denker vor der Aufklärung anknüpfen. Die Theologie des Wortes Gottes, zu der auch M. Kähler und J. Schniewind zu rechnen sind, gehören dann in die Zeit und Vergänglichkeit des früheren Kirchenkampfes. Im Kampf gegen die Auflösung macht sich ein konservativer Gegenschlag in unserer Zeit mehr und mehr geltend, der Zwischenstationen und Zwischenglieder überspringen will. Die Auseinandersetzung mit dieser Fragestellung bleibt vorläufig noch offen.

c) Eine Randbemerkung zur paulinischen Theologie darf hier

nicht verschwiegen werden. Paulus denkt von einer bestimmten *Voraussetzung* aus: Er hat nach seinem Zeugnis Jesus unmittelbar gesehen und darf sich daher zu den ursprünglichen Empfängern der Offenbarung rechnen (Gal 1,12.16; Phil 3,1–11). Der Gegensatz zwischen »Fleisch und Blut« zum unmittelbaren Eingriff Gottes ist nicht zu übersehen. »Enthüllung« ist ein Grundbegriff apokalyptischer Theologie und verrät einen Geschichtsprozeß, der einmalig und unableitbar aus dem Handeln Gottes selbst kommt. *Dieser Einsatz darf nie verraten werden,* auch nicht an Spekulationen oder Geschichtskonstruktion. Dann sind Rechtfertigung, Heiligung, Erlösung gleichwertige Traditionsprozesse, die für die Völkerwelt als Deutung des Kreuzes Jesu ihr bestimmtes Recht haben. Die Grundstelle ist 1. Kor 1,30: »Durch ihn aber seid ihr in Christus Jesus, welcher von Gott gesandt ist zur Weisheit und zur Gerechtigkeit und zur Heiligung und zur Erlösung.« Dieser Heilsprozeß in diesen vier Stationen steht unter dem Zeichen von Jer 9,22.23: »Wer sich rühmt, der rühme sich des Herrn!« Paulus hatte also die Freiheit, einzelne Begriffe zur Darstellung des Heiles in Christus Jesus zu ganzen Strukturen und Zusammenhängen zu erweitern. Er konnte die Weisheit Gottes in den Gegensatz zur Weisheit dieser Welt stellen und erweitern; er konnte die Gerechtigkeit Gottes gegenüber der Gerechtigkeit der Menschen nach vielen Gesichtspunkten hin entfalten; er konnte von der Heiligung durch Jesus Christus so reden, daß aller menschliche Versuch, sich Gottes zu rühmen, hinfällig wird; er konnte die Erlösung durch das Kreuz Jesu so herausstellen, daß sowohl der große Versöhnungstag Israels wie auch die heidnischen Sühnzeichen und Sühnungsriten in den Schatten treten. Die paulinische Predigt zeigt einen ungeheuren Reichtum auf.

Bekannt ist die Art, wie Paulus von Anfang an den Willen Gottes im Umgang mit dem andern Geschlecht als »Heiligung« darstellt (1. Thess 4,1–8). Ein Gebiet, auf dem in besonderer Weise heidnische Herrschaften regierten, sollte jetzt unmittelbar unter den Willen Gottes und das Gebot des Apostels treten. Kategorisch erklärt Paulus: »Das ist der Wille Gottes, eure Heiligung, daß ihr meidet die Unzucht« (4,3). Heiligung und Ehrbarkeit sollen den geschlechtlichen Umgang bestimmen. Ausdrücklich heißt es: »Gott hat uns nicht berufen zur Unreinigkeit, sondern zur Heiligung« (1. Thess 4,3–11). Ohne Zweifel hat der Begriff »Heiligung« von Anfang an in der Bekämpfung menschlicher Laster und Begierden in der Missionspredigt eine große Rolle gespielt.

Biblische Traditionen werden durch Gottes Sprechen und Handeln gebildet, treten einmalig in die Geschichte ein und bilden wieder Geschichte. Gott will Geschichte und bildet immer aufs neue Geschichte. Die Begrifflichkeit der Traditionen kommt von weither aus dem Alten Testament und seiner Umwelt; aber sie steht nicht auf sich selbst, sondern weist hin auf etwas, was in einem neuen Geschehen auf uns zukommt. Die paulinische Begrifflichkeit hängt eng mit der Geschichtsüberlieferung des Lukasevangeliums zusammen und dürfte gerade in der Theologie vom Geist Gottes mit Lukas übereinstimmen. In diesen Kreisen hat man vielleicht gebetet: »Dein Heiliger Geist komme auf uns herab und reinige uns.«

Vgl. den textkritischen Apparat zu Lk 11,2: Hier hat man den Abschluß des Jesuswortes überliefert: »Wieviel mehr wird euer Vater vom Himmel her den Heiligen Geist geben denen, die ihn darum bitten« (Lk 11,13).

Die Gabe des Geistes Gottes wird damit die wichtigste überhaupt. Heiligung ist ein Akt des Heiligen Geistes, wie auch der Heilige Geist unsere Heiligung fordert und bewirkt. Gott will, daß aus der Gabe seines Geistes und Wortes unsere Heiligung erwächst und damit eine Vollmacht, die die ganze Kirche Jesu Christi tragen kann. *Dies dürfen nicht nur Worte sein, sondern müssen Anliegen werden, die sich konkret erfüllen.*

d) In der johanneischen Überlieferung ist ein maßgebendes Motiv das der »Herrlichkeit« bzw. der »Verherrlichung«. Wie Jesus in der früheren Tradition mit Heiligkeit und Heiligung verknüpft war, so geht es jetzt um die Züge Gottes selbst, der Glanz, Licht, Gewicht und Schwere seines Namens verleiht. Im Angesicht Jesu Christi wird Glanz, Licht, Schwere des Gottesnamens offenbar, wie schon Paulus weiß. Dieser Glanz leuchtet in den Herzen auf zur Erleuchtung mit der Erkenntnis der Herrlichkeit Gottes im Angesicht Christi (2. Kor 4,4–6). Damit ist das Thema der Erkenntnis und der Erleuchtung gegeben, das mit der Schau und dem Bekenntnis verbunden ist. Unschwer erkennt man die Verklärungsgeschichte Jesu als Ausgangspunkt der Tradition wieder (Mt 17,1–13). *Im Bild des Gesandten kehrt der Glanz, das Licht und das Gesicht des Senders wieder.* Dies Grundgesetz schließt einen Gegensatz ein: Wer von sich selbst spricht, sucht die eigene Ehre; nur der, der die Ehre des Senders vertritt, steht in der Wahrheit (Joh 7,18). An die Regel der Weisheit schließt sich das Selbstzeugnis an: »Ich suche nicht meine Ehre; es ist aber einer, der sie sucht und richtet« (8,50).

Die Sprache des vierten Evangeliums schließt sich an die Täufertradition an und ist in den Sprüchen Jesu offenbare Wiedergabe eines aramäischen Grundtextes. Seit A. Schlatter wissen wir, daß Sprache und Heimat des vierten Evangeliums das palästinische Judentum sind. Gerade die topographischen Einzelheiten und der Geschichtsbericht der Passionsgeschichte erweisen die Überlegenheit des vierten Evangeliums.

Um die Verherrlichung des Namens Gottes durch das Wort und die Sendung Jesu geht es vor allem im 12. Kapitel. Nach Joh 12,20 sind hellenistische Juden (oder Proselyten) nach Jerusalem gekommen, um auf dem Fest anzubeten. Umständlich erzählt der Text, daß sie Jesus sehen möchten. Jesus antwortet: »Die Zeit ist gekommen, daß des Menschen Sohn verherrlicht werde.« Er erkennt das Gesetz Gottes, das ihm und seinen Nachfolgern grundsätzlich gilt: Das Weizenkorn muß in die

Erde fallen und ersterben, um Frucht zu bringen. Er schließt mit Nachfolgesprüchen, die vom Vergehen und Gewinnen des Lebens, vom Dienst und seinem Lohn, von der Verheißung seiner Nähe andeutend reden. Das »Andeuten« ist eine Grundform des Sprechens Jesu. Wie alle palästinischen Sprüche verraten sie eine eigene *Logik*, die aufgespürt werden muß. Gegenwart und Zukunft werden ganz eng miteinander verknüpft, so daß die Gegenwart die Zukunft bestimmt. Gerade diese paradoxen Sprüche dürften eine Urform des Jesusgutes sein. Mit 12,27 beginnt die Selbstüberwindung Jesu im Gespräch mit seinem eigenen Ich. Er fragt sich, wie er zu dem Vater sprechen soll. Er entscheidet sich für die Grundform: »Vater, verherrliche deinen Namen!« (12,28). Eine Stimme vom Himmel antwortet: »Ich habe ihn verherrlicht, und ich werde ihn abermals verherrlichen.« Das umstehende Volk versteht dies Geschehen nicht oder falsch. Jesus bestätigt die Besonderheit der Stunde: »Jetzt geht das Gericht über die Welt; nun wird der Fürst dieser Welt ausgestoßen werden« (12,31). Dieser Dialog zwischen Himmel und Erde darf keineswegs mit der Gethsemane-Szene der Synoptiker verwechselt werden; er hat deutliche apokalyptische Züge in sich (Stimme vom Himmel, Mißverstehen des Volkes, Einschließung in das eigene Schicksal). Entscheidend ist die enge Verbindung zwischen der Verherrlichung des Namens Gottes und dem Sprechen und der Sendung Jesu selbst. Das Kreuz wird nicht als Widerlegung Jesu verstanden, sondern als Endpunkt eines Weges, als Fügung in das eigene Schicksal, als Akt des Gehorsams, der seine eigene Frucht bringt. Der Ausgangspunkt der Erzählung ist nicht aufgegeben: Die Kinder Gottes, die zerstreut sind, sollen gesammelt werden (10,16; 11,52). Im geschichtlichen Vorzeichen wird die spätere Erfüllung vorweggenommen; nur der Blick Jesu sieht in die Tiefe dessen, was Gott vorhat und was Jesus selbst und seinen Nachfolgern widerfährt. »Heiligung« heißt bei Joh, ausgesondert zu sein für einen tiefen Weg, den

Gott selbst mit uns gehen will und den die Jünger Jesu mit ihm selbst teilen. Ihn zu Ende zu gehen bringt eine letzte Nähe zu unserem Herrn selbst (12,26).

e) In der Geschichte der Heiligungsbewegungen spielt der Text des 1. Joh eine wichtige Rolle. Das Bekenntnis zu Jesus als dem Messias, dem Sohn Gottes, der in das Fleisch gekommen ist, wird zum Kriterium des rechten Glaubens und Bekennens (4,1 ff.). Was von Anfang an war, ist das Kennzeichen einer Tradition, die sich gegen spätere Abweichungen und Irrwege durchzusetzen vermag. Der Glaube hält sich an den Auferstandenen selbst, der gesehen, geschaut und betastet werden kann und der das »Wort des Lebens« verbürgt. Man ahnt, daß das Grundverständnis vom »Wort des Lebens« geradezu der Ausgangspunkt dieser Verkündigung ist (1,2). Die Gottesaussagen, die in die johanneische Theologie eingestreut sind, sprechen von der biblischen Enthüllung der Wahrheit (Licht, Liebe, Geist Gottes). *Gott enthüllt, was sein eigentliches Wesen ist und was als Wahrheit vor ihm Bestand hat.* – Nun entfaltet 1. Joh Regeln, Erfahrungssätze, aber oft auch *apodiktisches Recht:*

1. Die Gemeinschaft mit Vater, Sohn und Heiligem Geist entspricht einer inneren Gemeinschaft zwischen den Brüdern untereinander (1,7).
2. Die Entsühnung durch das Blut Christi hat zur Folge, daß wir öffentlich unter uns unsere Sünden bekennen und uns dadurch von aller Sünde reinigen (1,8). Wenn wir sündigen, haben wir in Jesus Christus einen Fürsprecher beim Vater; er ist der Mittler und Versöhner für uns und die ganze Welt (2,1).
3. Merkmal echter biblischer Wahrheit ist, daß wir die konkreten Gebote Gottes halten; das Bleiben in Gott ist ein Wandeln in seinen Wegen (2,4–6).
4. Gotteskindschaft beruht auf der besonderen Zeugung aus

Gott: Wir sind Gottes Kinder und wissen uns als von Gott gezeugt; wer aus Gott geboren ist, der tut nicht Sünde (3,9; 5,18).

5. Es gibt eine Unterscheidung zwischen der Sünde, die zum Tode führt. Die Fürbitte für den Bruder soll sich nicht auf die Sünde zum Tode beziehen (5,16–17).

Die Exegese des 1. Joh steht vor großen Aufgaben. Viele Einzelfragen bleiben noch ungelöst. Deutlich ist aber der Bezug auf die konkrete Person Jesu und auf sein geschichtliches Kommen in Wasser und Blut. Sein geschichtliches Kommen spiegelt sich wider in Taufe und Abendmahl. *Das Bekenntnis zu Jesus setzt die grundsätzliche Absage an die Sünde voraus, die schon in der Taufe erfolgt ist.* Diese grundsätzliche Absage bedarf neuer und ständiger Durchführung und Bewährung im Kampf gegen die Irrlehre. Rechte Lehre besteht in der bleibenden Wahrheit Gottes und in der Ablehnung jeder falschen Verkündigung. Falsche Verkündigung bringt neue Unreinheit und Unheiligkeit über die Menschen. Die Gegner setzen statt des kirchlichen biblischen Bekenntnisses eine leere Abstraktion, die an der Geschichte vorbeigeht und jede Geschichtlichkeit auflöst. Das Tun der Wahrheit ist immer auch Absage an Unrecht und Ungerechtigkeit. Diese Absage muß im Christenstand Tag für Tag durchgeführt werden. Damit ist ein besonderer Beitrag zu unseren Grundfragen gesichert.

Man darf den wichtigen Satz: »Wer aus Gott geboren ist, der tut nicht Sünde, denn was er von Gott empfangen hat, das bleibt in ihm; und er kann nicht sündigen, denn er ist von Gott geboren« (3,9) nicht aus dem Bereich der Taufe lösen. Hier vollzieht sich die Verbindung von Wort und Geist; hier hat die ausdrückliche Absage an die Sünde ihren eigentlichen Platz; hier ist die Verheißung gegeben, den Menschen endgültig aus dem Bereich des Bösen zu lösen und vor dem Abfall zu schützen (Sünde zum Tode; 5,16). Die Taufe ist ein wirksames Geschehen der Versetzung in den Bereich des Lichtes und eine grundsätzliche Absage an den Bereich der Finsternis. Die nächste Parallele dazu findet sich Hebr 6,4–8. Die Logik heißt: *Man kann etwas nicht, weil man es nicht darf.* Diese Redeweise ist apodiktisch und rechtlich

verbindlich. Die Redeweise will nicht beschreiben, was im Bereich der empirischen Erfahrung und Beobachtung liegt und Ziel einer frommen Bemühung ist, sondern im Gegenteil klarstellen, auf welcher Voraussetzung christlicher Glaube und christliches Handeln beruhen.
Der Stil des 1. Joh ist ursprünglich aramäisch bzw. sein Griechisch stark semitisch geprägt. Der Brief setzt wohl den Werdeprozeß des vierten Evangeliums voraus. Auffallend ist die wichtige Beobachtung, daß 1. Joh 2,12–14 sich nur an männliche Glieder der urchristlichen Gemeinschaft richtet und damit jüdisches Rechtsdenken verrät.

Wir fassen zusammen: Heiligkeit ist ein bekanntes Attribut Gottes selbst; Heiligung ist ein Akt von ihm selbst, der bis zur Neuschöpfung und Neuwerdung des Menschen führt. Die Begriffsgruppe ist stark antithetisch und setzt eine ausdrückliche Absage an den Bereich der Unreinheit voraus. Auch der Akt des Sichheiligens und Sichreinigens ist aus diesem Zusammenhang des passiven Geheiligtwerdens zu verstehen (1. Joh 3,3). *An der Heiligkeit Gottes scheitert der Mensch, aber die Herablassung Gottes berührt den Menschen gerade in seiner Unheiligkeit und schenkt ihm die Würde der Gotteskindschaft.* Israel ist gerade hier an diesem Punkte schuldig geworden und empfängt daher alle Zeichen und Zeugnisse der Heiligkeit Gottes mit Erschrecken und Zittern (Hebr 12,21). Der Neue Bund ist eine Möglichkeit Gottes, durch den Mittler Jesus und das Blut der Besprengung, das da besser redet als Abels Blut, in den Bereich des himmlischen Jerusalem einzutreten (12,22). Aber die Warnung bleibt bestehen: Gott ist der Richter über alle (12,23). Gerade die Auflösungserscheinungen unserer Zeit, die Aufrichtung Israels als Staat und Volk, die Katastrophen in Natur und Geschichte lassen diesen biblischen Zusammenhang erst recht lebendig werden.

3. Grundsätzliche Besinnung in unserer Gegenwart

a) Die Confessio Augustana geht von der Rechtfertigung aus und spricht dann vom neuen Gehorsam. Es ist ihr wichtig, die Verdienstlichkeit der guten Werke abzulehnen und auf das Werk Jesu Christi hinzuweisen. In der Apologie wird zwischen Gesetz und göttlicher Verheißung unterschieden, und das von Gott geschenkte Heil wird ausdrücklich als Vergebung der Sünden, Rechtfertigung und neues Leben beschrieben. Man verwirft die Lehre, daß menschliche Vernunft und eigener Wille von sich aus imstande sind, Gott zu lieben, und betont ausdrücklich, daß ohne Glauben an Christus rechte Liebe zu Gott nicht möglich ist. Wo Joh 3,5 zitiert wird, wird die Lehre vom Geist dem Brauch des Gesetzes entgegengesetzt. Der Glaube, der die Vergebung empfängt, macht gerecht und bringt Leben. Die Liebe zu Gott steht dann im Verdacht, eine Art Tugend zu sein, die im Dienst des Gesetzes steht; die Gnade ist das grundlegende Geschehen, auf das alles ankommt.

In der Konkordienformel (Solida Declaratio, IV. De bonis operibus) findet sich ein grundlegender Umbruch. Der Glaube ist »›ein göttlich Werk in uns, das uns verwandelt und neu gebärt aus Gott und tötet den alten Adam, macht uns ganz andere Menschen von Herzen, Mut, Sinn und allen Kräften und bringt den Heiligen Geist mit sich ... Glaube ist eine lebendige, verwegene Zuversicht auf Gottes Gnade, so gewiß, daß er tausendmal darüber stürbe. Und solche Zuversicht und Erkenntnis göttlicher Gnaden macht fröhlich, trotzig und lustig gegen Gott und alle Kreaturen, welches der Heilige Geist tut im Glauben, daher der Mensch ohne Zwang willig und lustig wird, jedermann Gutes zu tun, jedermann zu dienen, allerlei zu leiden, Gott zu Liebe und zum Lobe, der ihm solche Gnade erzeigt hat: also daß es unmöglich ist, Werk vom Glauben zu scheiden; ja so unmöglich, wie Brennen und Leuchten vom Feuer mag geschieden werden.‹« (Die Schreibweise wurde modernisiert.)

Sehen wir davon ab, daß diese Aussagen im dogmatischen Zusammenhang zwar den glaubenden und wiedergeborenen Menschen beschreiben, aber in Wirklichkeit ein wichtiges Handeln Gottes am Menschen bezeugen wollen, dann erkennen wir den Versuch der Bekenntnisschriften, die Rechtfertigung aus Glauben der Erneuerung des Menschen vorzuordnen. Eine radikale Lehre von der Gotteskindschaft, von der Wiedergeburt hat aber eine Tendenz zur Verselbständigung und zur eigenen Entwicklung. Es entspricht lediglich dem Gang der Geschichte, daß der alte Rahmen der Rechtfertigung aus Gnade das Ganze zusammenhält.

Ich selbst glaube, daß wir von dem Dreiklang Schöpfung, Offenbarung und Menschwerdung Jesu (statt Fr. Rosenzweig: »Erlösung«) ausgehen müssen. Dabei ist die Offenbarung ganz eng mit dem Schriftwort, der Bundesgeschichte und der gewissenhaften Exegese (nicht: mit der Interpretation) verbunden. Die Rechtfertigung ist ein bestimmter Aspekt neben der Heiligung und der Begabung mit dem Heiligen Geist. Wir sind es gewohnt, die Rechtfertigung vorzuordnen; jedoch ist das Motiv der Heiligung und der Begabung mit dem Heiligen Geist wohl zugeordnet, aber nicht nachgeordnet.

b) Der Weg von der Confessio Augustana zur Konkordienformel ist ein gesegneter Weg gewesen. Was am Anfang wie ein Engpaß aussah (die Rechtfertigung des Sünders aus Gottes Gnade und Barmherzigkeit), weitet sich aus zur Heiligung, zum Gehorsam und zur Wiedergeburt. Das wichtige Material des Johannesevangeliums schafft sich schrittweise Raum. Es kommt zur Verheißung und zum Dasein des Geistes, der das neue Leben schafft. Damit ist einerseits der Versuch abgewehrt, die Notwendigkeit der Zeit und die Wichtigkeit politischer Anliegen zum Ausgangspunkt der Verkündigung zu machen. Andererseits ist die Möglichkeit genommen, das gute Werk des Christenstandes und den neuen Gehorsam deshalb abzuwerten, weil es in den Augen Gottes immer unvollkommen bleibt. Weder eine neue Grenzüberschreitung des natürlichen Menschen noch eine besondere Ängstlichkeit des geschlagenen Gewissens, das sich vor einer neuen Bewegung fürchtet, kann dem Reichtum der Bibel gerecht werden. (Das Verhalten Bonhoeffers bleibt eine aus der Situation geborene Grenzüberschreitung, ist aber nicht der biblische Regelfall.) Die Fülle der göttlichen Vergebung öffnet das Tor zu neuer Gnade ewigen Lebens, das aus der Hand Gottes selbst entsteht. Das neue Leben bleibt immer im Schatten der Gnade, der Heiligkeit und der Heiligung; es liefert sich ganz Gott aus und gibt sich ganz Gott hin, geht aber ganz in die Weite und Tiefe einer Möglichkeit, einer Verheißung, einer Durchsetzung und einer Vollendung. Scheitern oder Enttäuschung ist nicht ausgeschlossen, stellt aber den Menschen aufs neue unter Gottes Gnade und Vergebung; der Gegensatz Gott – Mensch bleibt völlig bewahrt. Der erschreckende und doch getröstete Rückblick auf das Vergangene, auf Not und Aussichtslosigkeit der alten Weltzeit gewinnt jetzt noch schärfere Konturen. Aber auch die apokalyptische Aussicht auf die Endzeit und Endgeschichte, auf neue Not und den Tod des »alten Menschen«, auf leibliches Versagen und geistliche Anfechtung wird immer deutlicher. Es kommt alles darauf an, daß die Beschreibung einer Wende nicht optimistisch, sondern *biblisch realistisch* wird. Der Weg geht *vorwärts und inwärts* immer tiefer hinab, aber ebenso aufwärts. *Hier an diesem Punkt fallen die Entscheidungen der Gegenwart:* Biblisch realistische Züge der Frömmigkeit wollen an Paulus und Luther gemessen werden, müssen von jedem Enthusiasmus geschieden sein. *Aber deshalb sind bestimmte Möglichkeiten und Verheißungen des Geistes doch biblisch realistisch.* Was manchmal wie eine Grenzüberschreitung über bürgerliche Normalität hinaus aussieht, kann unter Umständen noch zum Zeichen eines besonderen *Ergriffenseins* werden. J. Schniewind sagt in seinem Vortrag: »Die Gemeinde ist kein Kollektiv, sondern es sind lebendige Menschen. Es gibt Gemeinde nur in den einzelnen, und jeder einzelne Christ hat sein Charisma. Wenn Gott uns ruft, ruft er uns zu einer bestimmten Aufgabe, *nie* anders!«

c) Unsere Verkündigung, die den Menschen *erwecken* will (Eph 5,14), setzt das charismatische Wort und die Gabe des Geistes Gottes voraus. Charismatisch ist der Dienst, der auf die Gnade Gottes zurückweist; Wort und Geist richten sich nach außen und begleiten den Weg der Mission, gehen aber auch nach innen und sorgen dafür, daß der Dienst der Kirche nicht zum Dialog von Mensch zu Mensch wird. Die geistliche Grundlegung muß gesichert sein. Die Heiligung des Dienstes gehört mit der Heiligung des Menschen eng zusammen. Ebenso gehört Erweckung mit Heiligung, Gabe des Geistes Gottes mit Bildung des Leibes Christi eng zusammen. Das Evangelium ruft nach vorne, drängt über die bisherigen Grenzen in Raum und Zeit hinaus; das Evangelium ruft gleichzeitig nach innen, wo das eigentliche Werk Gottes und die Erneuerung durch das Wort ihre Wurzel haben. Die Erfüllung menschlicher Nöte und politischer Anliegen, mögen sie noch so dringlich sein, sind letztlich nicht identisch mit dem verborgenen Wachstum des Reiches Gottes und der Aufrichtung des Kreuzes Jesu Christi in der gegenwärtigen Situation. Dieser Satz darf nicht mißverstanden werden: Es kann sein, daß geschichtliche Umwälzungen, äußere Notstände und spezielle Führungen Gottes in der Geschichte unseren Dienst auf ganz bestimmte Fragestellungen und Gebetsanliegen konzentrieren; es kann sein, daß die Einarbeitung des zeitgenössischen Erlebens dringend notwendig wird. Entscheidend bleibt aber als Kriterium unser eigenes Ausgerichtetsein auf unseren eigentlichen Auftrag: Dieser besteht darin, daß wir als Gottes Zeugen ihm, dem lebendigen Gott, immer wieder persönlich begegnen und auch unseren Zuhörern zu solcher Begegnung verhelfen.

1. Aus eigener Erfahrung kenne ich die »Rettungsarche« in Möttlingen und ihre Geschichte: Eine Frau, die dort gesund wurde, erzählt in ihrem Bericht: Nach Möttlingen fahren die, die der Arzt aufgibt; wo Arzt und Medizin aufhören, fängt Möttlingen an. Ein ungemein starkes Bedürfnis nach Leben entsteht unter den Augen des Todes, wenn das Leben nichts Selbstverständliches mehr ist. Dann erhalten Ver-

stand, schöngeistige Interessen und moralische Gesetze den ihnen zustehenden Rang; sie werden nicht mehr überbewertet und hemmen so nicht mehr die Einsicht in die eigene totale Hilflosigkeit. Dem beständig wechselnden Kreis dieser am Ende Angekommenen stehen die »Brüder« gegenüber: Bauern, die vom Felde und der bäuerlichen Bibelstunde weggerufen wurden in die »Arche«. In geheimnisvoller charismatischer Kraft versehen sie ihren Dienst durch Predigen, Seelsorge und Auflegen der Hände, demütig genug, nicht mehr sein zu wollen als Werkzeuge in der Hand Jesu, von dem allein dort Leben erwartet wird. (Zitiert aus dem Vorwort in: M. Beil-Haase, Das heilige Sanatorium 1974, 2. Aufl.) (Ich füge dies Zeugnis aus dem charismatischen Bereich nicht deshalb an, um eine ganze Ordnung oder Regel aufzudecken, sondern nur als ein Beispiel dafür, wie tief sich der Geist Gottes herabbeugt.)

2. Grundsätzlich müssen die biblischen Disziplinen im Sinne von J. Schniewind traditionsgeschichtlich und heilsgeschichtlich aufgearbeitet werden. Die ständigen Negationen (Unechtheit, legendärer Zusatz) müssen in Frage gestellt werden. Der Traditionsprozeß ist vom letzten Glied der Heilsgeschichte her neu aufzuarbeiten. Im Bereich des Alten Testaments sind schon Ansätze vorhanden. Vielfach ist auch der Bereich der jüdischen Exegese nicht unwichtig.

Wort Gottes und Glaubenserfahrung

Die Buchreihe
Die Buchreihe »Theologische Auseinandersetzung mit dem Denken unserer Zeit« greift aktuelle Fragestellungen auf und nimmt in allgemeinverständlicher Sprache dazu Stellung.

Der Herausgeber
Wilfried Veeser, selbst Theologe, koordiniert die Beiträge der verschiedenen Autoren. Selbst in der Gemeindearbeit tätig, geht es ihm stets um den Praxisbezug der einzelnen Themen.

Band 1:
Zum Denken unserer Zeit (M. Dieterich), Der Friede Gottes und der Friede in unserer Welt (B. Volkmann), Das Menschenbild der Aufklärung und der Mensch aus biblischer Sicht (M. Pfizenmaier), Die Leistungsgesellschaft unserer Zeit und der Mensch unter der Gnade Gottes (Heiko Krimmer)
Pb., 132 S., **Nr. 57 351**

Band 2:
Die Ökokrise im Lichte der Tradition – Die Schöpfung und ihre Hoffnung (H. Hellenschmidt), Der Friede Gottes in einer friedlosen Welt (O. Betz)
Pb., 88 S., **Nr. 57 352**

Band 3:
Teil I: Umstrittener Glaube in unserer Zeit (G. Maier, M. Pfizenmaier, W. Tlach)
Teil II: Gelebter Glaube in einer umstrittenen Welt (M. Dieterich, R. Hauber, H. Hellenschmidt, Th. Pola)
Pb., 176 S., **Nr. 57 353**

Band 4:
»Wort und Erfahrung im Alten und Neuen Testament« (Pfarrer Claus-Dieter Stoll), »Das Wort in der Antike« (Wiss. Assistent Thomas Pola), »Wort und Erfahrung in der Reformation« (Pfarrer Dr. Martin Pfizenmaier), »Wort, Gefühl und Erfahrung heute – eine theologische Analyse unserer Zeit« (Prof. Dr. Rainer Mayer), »Wort und Erfahrung – zur Persönlichkeitsstruktur von Christen« (Prof. Dr. Michael Dieterich), »Erfahrbarkeit des Wortes Gottes heute« (Prof. Dr. Rainer Mayer).
Pb., 176 S., **Nr. 57 354**

Leseprobe aus »Theologische Auseinandersetzung mit dem Denken unserer Zeit«

Einführung

in die Buchreihe »Theologische Auseinandersetzung mit dem Denken unserer Zeit«.

Es ist Aufgabe einer Theologie, die sich nicht im »Elfenbeinturm der eigenen Wissenschaft« versteckt, die Auseinandersetzung mit dem Denken ihrer Zeit zu führen.

Mit der neuen Reihe soll diese Auseinandersetzung in der Tradition lutherisch-pietistischer Vertreter fortgesetzt werden. Anlaß zu einer Auseinandersetzung ist jedoch nicht die Fortschreibung einer guten Tradition, sondern die zwingende Notwendigkeit, bei der gegenwärtigen Verkündigung – in Kirche und Gemeinschaft – nicht nur auf vorschnellen blockhaften Bekenntnissen zu beharren, sondern auf den kritisch hinterfragenden Zuhörer angemessen einzugehen.

Mit diesem Hintergrund ergibt sich die folgende Kurzbeschreibung der neuen Buchreihe:

Zielgruppe:

In der gegenwärtig andauernden Zeit des Meinungspluralismus ist eine theologische Auseinandersetzung unter Einbeziehung unbestreitbarer Sachverhalte erforderlich, um auch mit Andersdenkenden ins Gespräch kommen zu können. Daran interessierten Lesern soll diese Reihe Hilfen anbieten.

Vorgehensweise:

Die neue Reihe soll in ihrem wissenschaftlichen Anspruch zwischen theologischer Fachliteratur einerseits und Erbauungsliteratur andererseits stehen. Die vorgetragenen Beiträge werden so verfaßt, daß sie auch vom »Nichtfachmann« gelesen und verstanden werden können. Durch Anmerkungen und Literaturhinweise wird auch eine Vertiefung möglich sein.

Autoren:

Innerhalb des lutherisch-pietistischen Ansatzes schlägt sich ein breites Spektrum nieder. Entsprechend dieser Tradition werden neben Theologen auch Fachleute anderer Wissenschaftsdisziplinen zu Worte kommen. Die Auseinandersetzung mit dem Denken unserer Zeit wird dadurch auch plastischer geführt werden.

Zum Denken unserer Zeit

Michael Dieterich

Eine theologische Auseinandersetzung mit dem Denken unserer Zeit erfordert, insbesondere wenn sie von einem »Nichttheologen« vorgenommen wird, vor jeglicher Diskussion eine Standortbestimmung der gegenwärtigen säkularen Denkmuster. Um eine solche Standortbestimmung vorzunehmen – die bei einer einigermaßen genauen Erfassung den Umfang dieses Beitrages weit sprengen würde –, ist »Mut zu Lücken« erforderlich. So sollen im folgenden nur einige große Linien aufgezeigt werden, die besonders wichtig für die Auseinandersetzung mit theologischen Fragen sind.

Um zu einer gewissen Systematik zu kommen, wollen wir das »Denken unserer Zeit« in zwei großen Abschnitten untersuchen, die jedoch in der Regel nicht immer so klar getrennt werden können, wie hier beschrieben wird. Wir beschäftigen uns zuerst mit dem »praktischen« Denken unserer Zeit, danach mit dem »wissenschaftlichen« Denken unserer Zeit, um abschließend zur Auseinandersetzung mit dem theologischen Denken zu kommen.

1. Das »praktische« Denken unserer Zeit

Im Vergleich mit dem Mittelalter ist das Denken unserer Zeit heute kaum mehr theologisch geprägt.

Bei statistischen Umfragen zeigt sich, daß nur noch 3–5% der Bevölkerung der Bundesrepublik als »regelmäßige Kirchgänger« eingestuft werden können. Praktizierende Christen im

Sinne von Johannes 3,3 gibt es noch wesentlich weniger. Eine »quantité négligable«? Von der Menge her gesehen sicherlich.

Für Theologen und praktizierende Christen wird es immer wieder wichtig, auch diese quantitative Dimension vor Augen zu halten. Wer sich im engen Kreis der theologischen Seminare und Vorlesungen bewegt bzw. schwerpunktmäßig den Kontakt in der Gemeinschaft der Gläubigen hat, übersieht oder vergißt häufig, daß es sich bei den praktizierenden Christen heutzutage um eine »Randgruppe« handelt. Theologische Auseinandersetzungen mit dem Denken unserer Zeit haben für den größten Teil der Bevölkerung gegenwärtig keinerlei Bedeutung mehr.

Wie schon angedeutet, lehrt uns die Geschichtsschreibung, daß bis zum Beginn der Aufklärung ein theologisch geprägtes Denken vorherrschte. Wir würden uns dies gerne auch in der gegenwärtigen Zeit noch wünschen – und wir werden im zweiten Abschnitt darauf eingehen, warum sich das Denken so verändert hat –, aber es hat keinen Sinn, nur rückwärtsgerichtet zu leben und zu argumentieren. Ein Blick nach vorne läßt uns fragen, wie man heute denkt:

In den 30er Jahren klagte Bertolt Brecht, daß der Mensch »durch den Kopf« lebe. Bis weit in die Mitte dieses Jahrhunderts war das Denken vom Intellektualismus geprägt. Wenn sich nur genügend Experten zusammensetzten, war alles machbar. Strenger Rationalismus formte das Denken unserer Väter, die nach dem 2. Weltkrieg mit Fleiß und Engagement die Verwüstungen des Krieges wieder aufbauen mußten.

Teilweise im Zusammenhang mit den Studentenunruhen der 60er und 70er Jahre unseres Jahrhunderts, aber auch angesichts der Erkenntnis, daß unbegrenztes Wachstum bei abnehmenden Ressourcen nicht mehr möglich sein wird, wurden zunehmend mehr jüngere Menschen der intellektuellen

Theoriediskussionen überdrüssig und entwickelten Antipositionen.

Neue, stärker gefühlsmäßig orientierte Denkansätze prägen die Geisteslandschaft der 80er Jahre: Sehnsucht nach Frieden, Geborgenheit angesichts einer »technisch kalten Welt«, der Wunsch nach Übersinnlichem, »Geistlichem«, der Wunsch, sich in eine Welt zu begeben, in der nicht alles meß- und nachweisbar ist, in der nicht alles so stark reglementiert wird, der Wunsch nach einer Welt, in der man Gefühle haben und zeigen darf.

Die Flucht in den Drogenkonsum und in fernöstliche Religionen, aber auch die Jesus-People-Bewegung und zunehmende charismatische Tendenzen in den Reihen der Christen sind äußere Kennzeichen dieses Denkens.

Jogging für den Körper und Psychotherapie für die Seele gewinnen, von den Vereinigten Staaten ausgehend, zunehmend auch in Mitteleuropa an Bedeutung. Gegenwärtig erleben wir eine regelrechten »Körper- und Gefühlsboom«. Ärzte haben übervolle Praxen. Fitness-Center profitieren von der Körperwelle, und Pharmakonzerne machen Rekordumsätze mit Psychopharmaka.

Drei Millionen Menschen in der Bundesrepublik sind zu Joggern geworden. Sie tun dies nach Meinung einiger Psychologen vor allem, weil »das Laufen psychische Wirkungen hat, die als beglückend erlebt werden«. Hierbei »wird man nach den ersten Lauferfahrungen zum Selbsttherapeut: zur physischen kommt die psychische Gesundheit«.

»Die Quelle der Heilung liegt im Selbst – und nicht etwa außerhalb, in einem Gott, einem Arzt, oder den Kräften des Kosmos«, ist einer der Leitsätze von John Pierrako, einem Schüler von Wilhelm Reich und Mitbegründer der Lehre von der »Bio-Energetik« bzw. »Körper-Therapie«, die mehr und mehr an Bedeutung gewinnt.

Zusammenfassend kann festgestellt werden, daß das Denken eines Großteils der jungen Menschen heute nicht mehr religiös oder empirisch-rational, sondern eher »gefühlsmäßig-körperlich« ist. Darauf haben wir uns einzustellen, wenn wir ein Gespräch mit Menschen unserer Zeit beginnen, wenn wir sie da abholen wollen, wo sie sich mit ihrem Denken finden.

Wie im dritten Abschnitt gezeigt wird, bietet dieses Denken aber auch einen Ansatzpunkt für die Begegnung junger Menschen mit dem Evangelium von Jesus Christus.

2. Das »wissenschaftliche« Denken unserer Zeit

Für J. A. Comenius (1592–1670) war es vor über 300 Jahren kein Problem, in der Schöpfung das Ebenbild Gottes zu sehen. Das Betrachten von Tieren und Pflanzen im Schulunterricht war für diesen großen Pädagogen ein Studium der göttlichen Schöpfungsordnung. Die Naturwissenschaft fügte sich ohne Schwierigkeit in die göttliche Ordnung ein.

Mit der kritischen Philosophie im Sinne von I. Kant (1724–1804) löste sich das Denken von den theologischen Voraussetzungen. Der bisher vorgegebene göttliche Ordnungsbegriff wurde ersetzt durch die Besinnung auf die selbstgeschaffene Ordnung. Nicht Abhängigkeit, sondern eigenes Denken, eigene Erfahrung und die logische Begründung des selbstgeschaffenen Systems bildeten die Kriterien für Wissenschaftlichkeit.

Mit G. Hegel (1770–1831) wurde die Frage, was die Wissenschaft eigentlich soll, erneut gestellt. Eine der möglichen Antworten war: »Die Welt auf einen Begriff« zu bringen, d. h., die Wirklichkeit zu erforschen und die Erkenntnisse an die Mitglieder der Gesellschaft weiterzugeben. Wissenschaft mit diesem Hintergrund ist wertfrei und nur der Erkenntnis und der Wahrheit (und nicht ihrer Folgen!) verpflichtet.

»Die Philosophen haben die Welt nur verschieden interpretiert, es kommt darauf an, sie zu verändern«, war die Antwort von Karl Marx (1818–1883) an eine Wissenschaft, die sich um die Folgen ihres Tuns nicht kümmerte. Und mit seinem Verständnis von Wissenschaft stellte er sich deutlich gegen eine Arbeitsweise, die lediglich erklären und beschreiben wollte.

Dies war nun ein kurzer geschichtlicher Rückblick auf einige wichtige Auffassungen der Wissenschaft in den vergangenen 300 Jahren. Aber auch wenn man die Geschichtsbogen weiter spannt, wird man entdecken, daß sich zu allen Zeiten nachdenkliche Menschen aufgemacht haben, das Denken zu ergründen, den Menschen und seine Welt zu erklären und damit die Welt zu verändern. Dabei war es immer wieder der Wunsch, auch in den Wissenschaftsgebieten, die sich mit den Menschen beschäftigen, Erkenntnisse zu finden, die so sicher waren wie mathematische Ergebnisse oder zumindest so genau wie die der Naturwissenschaftler (vgl. dazu R. Descartes' (1596–1650) Wunsch nach »more geometrico«).

Interessant ist jedoch, daß die modernen Naturwissenschaftler diese Genauigkeit gar nicht mehr in Anspruch nehmen können. So zeigte Heisenberg, daß bei Untersuchungen im submikroskopischen Bereich alle Ergebnisse mit einer Unbestimmtheit (Unschärfe) behaftet sind. Es ist nicht möglich, Masse und Geschwindigkeit eines Elementarteilchens gleichzeitig beliebig genau zu erfassen. Hierbei bleibt immer eine »Unschärfe« als Restgröße zurück.

Während diese Zusammenhänge für die Physik nur im submikroskopischen Bereich auffallend sind, ergeben sich bei den Human- und Sozialwissenschaften »Unschärfen« auch im makroskopischen Bereich. Dies heißt auf den Menschen bezogen, daß man zwar eine isolierte Persönlichkeitsdimension des Menschen sehr genau bestimmen kann. Je genauer man aber wird, um so mehr nimmt die »Unschärfe« in anderen Persönlichkeitsdimensionen zu. Dadurch sind ganz praktisch gesehen die Grenzen der modernen psychologischen Testverfahren gegeben, die den Menschen zwar in Teilaspekten, beispielsweise der Intelligenz, »vermessen« können, jedoch damit keine Werte für die Gesamtpersönlichkeit erhalten.

Um nach diesem kurzen Überblick über die verschiedenen wissenschaftlichen Ansätze zu einem Vergleich zu kommen, soll die Wissenschaftsdefinition von H. Tschamler für die weiteren Gedanken richtungweisend sein. Bei ihm ist Wissenschaft das »methodisch gewonnene, systematisch durch die Sprache vermittelte Wissen über die Wirklichkeit«.

Daraus ergibt sich für alle zu untersuchenden Wissenschaftsdisziplinen eine Betrachtung unter drei Aspekten:

– Jede Wissenschaft hat ein »Objekt«, mit dem sie sich beschäftigt (z.B. die Natur, die Menschen, die Geschichte usw.).
– Entsprechend dem Objekt der Wissenschaft ergibt sich eine typische Methode, mit der das Objekt untersucht werden muß (experimentieren, berechnen, schließen usw.)
– Entsprechend der gewählten Methode zur Untersuchung des Wissenschaftsgegenstandes ergibt sich die Zuverlässigkeit des Ergebnisses (Wahrheit, Richtigkeit, Wahrscheinlichkeit, Signifikanz usw.).

Wie weiter unten noch genauer gezeigt wird, werden die meisten Fehler dadurch gemacht, daß man für die verschiedenen Einzelwissenschaften nicht die jeweils angemessene Methode verwendet und deshalb auch nicht zum »richtigen« Ergebnis kommen kann.

Aus der großen Zahl von verschiedenen Wissenschaften werden nun in den folgenden Abschnitten die Naturwissenschaften, Geisteswissenschaften und die Theologie als Wissenschaft mit dem eben entwickelten Raster untersucht.

2.1. Das naturwissenschaftlich-empirische Denken

Im 19. Jahrhundert breitete sich in der Philosophie eine Richtung aus, die bestrebt war, alle Erkenntnisse ausschließlich aus der Erfahrung im Sinne der Naturwissenschaft und ihrer Experimente zu ergründen. Vor allem A. Comte (1798–1857) war es, der alles Metaphysische ablehnte und nur von »Tatsachen« ausgehen wollte (Positivismus). Aus diesen Tatsachen sollten Gesetzmäßigkeiten entschlüsselt und mit den erkannten Zusammenhängen auch zukünftige Erscheinungen vorausgesagt werden können. »Savoir pour prévoir« war eine der Maximen von Auguste Comte. »Erfahrungen und Beobachtungen kann man nicht aus Büchern lehren und lernen«, meinte auch John Locke (1632–1704), man müsse dies selbst experimentell durchführen.

Im Sinne eines solchen, an den Naturwissenschaften orientierten Vorgehens, ergibt sich als Wissenschaftsmethode der Weg der Induktion. Der jeweilige »Wissenschaftsgegenstand« (z.B. Pflanzen, Tiere usw., aber auch der Mensch in seinem sozialen Umfeld) wird zum Gegenstand eines Experimentes unter genau vorgegebenen – und deshalb jederzeit nachvollziehbaren – Versuchsbedingungen gemacht. Unter einem Induktionsschluß versteht man dann die Ableitung eines Gesamtergebnisses oder einer Gesetzmäßigkeit aus Einzelergebnissen, also das Schließen vom Speziellen auf das Allgemeine.

Neben dem naturwissenschaftlichen Experiment sind es im anthropologischen Forschungsbereich insbesondere Befragungen und Tests, mit denen gearbeitet wird. Da man in der Regel nicht alle vorkommenden Fälle untersuchen kann, wird bei empirischen Untersuchungen fast immer mit einer Stichprobe aus der Gesamtmenge experimentiert. Die Stichprobe sollte repräsentativ, d.h. ein verkleinertes Abbild der Gesamtheit der Fälle sein.

Hierbei wird auch ein Hauptproblem empirischer Untersuchungen sichtbar: Bei einer nicht repräsentativen Stichprobe kann zwar im Einzelfall richtig gearbeitet, aber das Ergebnis dennoch niemals richtig werden.

Beim induktiven Vorgehen, d.h. beim Schließen von Einzelfällen auf Gesamtergebnisse, bleibt demnach immer eine Unsicherheit im doppelten Sinne übrig:

- Einerseits ist zu prüfen, ob die Stichprobe richtig ausgewählt war.
- Andererseits ist zu fragen, ob nicht irgendwann doch ein Fall eintritt, der den vielen gemachten Experimenten widerspricht. Damit wäre dann die auf empirisch-induktivem Weg gewonnene Gesetzmäßigkeit nicht mehr absolut gültig (Falsifikation)!

Auf diesem Hintergrund ist auch die Frage nach der »Wahrheit von Theorien zu stellen, die durch positive Induktionsschlüsse aufgestellt wurden. Eine der Hauptströmungen der gegenwärtigen Philosophie, der sog. »kritische Rationalismus«, sieht dabei drei Hauptschwierigkeiten. Die positive Begründung einer empirisch gewonnenen Theorie führt nämlich

- zu einer endlosen Folge von neuen Begründungen, oder
- die eine Begründung wird durch die andere im Sinne eines Zirkelschlusses ersetzt, oder
- die Begründung durch weitere Experimente wird zu irgendeinem Zeitpunkt abgebrochen und die Theorie dann durch ein Dogma ersetzt.

Ein Ansatzpunkt, um dieser Problematik zu entgehen, ist der Weg der »kritischen Überprüfung«. Dabei ist das Ziel der Beweisführung nun nicht mehr, die Theorie empirisch zu beweisen, sondern sie zu widerlegen. Eine Theorie gilt demnach nur, solange ihre Widerlegungsversuche scheitern. Sie muß deshalb auch so formuliert werden, daß sie an der Erfahrung scheitern kann.

Werden mit einer solchen, wesentlich vorsichtigeren Beweisführung die Ergebnisse der empirisch gewonnenen »Gesetzesmäßigkeiten«, ob sie nun aus dem Bereich der Natur- oder Sozialwissenschaften stammen, gesehen, kann die Frage nach deren »Wahrheit« bzw. »Richtigkeit« folgendermaßen formuliert werden: Empirisch gewonnene Ergebnisse sind nicht absolut gültig bzw. immer nur als vorübergehend wahr anzusehen – eben so lange, bis sie von irgendeiner Seite her widerlegt werden.

2.2. Das geisteswissenschaftlich-hermeneutische Denken

Wenn es auch mit naturwissenschaftlich-empirischen Verfahren möglich ist, ausgewählte, menschliche Verhaltensweisen zu überprüfen, zu testen, können mit diesem Verfahren nur schwerlich die Ursachen des jeweiligen Verhaltens, die Zusammenhänge mit ihrer Umgebung, mit Politik, Religion usw. beschrieben oder gar erklärt werden.

Es stellt sich die Frage, wie man ständig sich Wandelndes überhaupt erkennen und erfassen kann. Wie arbeitet eine Wissenschaft vom handelnden Menschen? Ist eine Wissenschaft, die sowohl einen historischen als auch einen damit verbundenen anthropologischen Aspekt zu berücksichtigen hat, überhaupt möglich?

W. Dilthey (1833–1911) war es, der hier mit der »geisteswissenschaftlich-hermeneutischen Methode« einsetzte. Er meinte, daß die Erfahrungswissenschaft vom Menschen mit dem eigenen Erlebnis, über das der Mensch nachdenkt, beginnt. Wird dieses Erlebnis verstanden und ausgedrückt, kommt es zu einer Erkenntnis, die das Persönliche weit hinter sich läßt. In jedem Einzelerlebnis ist ein Teil des Allgemeinen enthalten, und somit enthält jedes Erlebnis gleichzeitig subjektive und objektive Elemente.

Kritiker meinten immer wieder, daß eine in dieser Form auslegende (hermeneutische) Vorgehensweise notwendigerweise subjektiv sein müsse, und suchten, mit aus diesem Grunde, den Weg in die im vorangegangenen Abschnitt beschriebenen »objektiven« empirisch-naturwissenschaftlichen Methoden. Es liegt natürlich nahe, zu fragen, ob solch ein geisteswissenschaftliches Verfahren, das mit dem eigenen Erlebnis einsetzt, jemals allgemeingültige, wissenschaftliche Erkenntnisse erbringen kann.

Eine zweifache Antwort ist hierauf möglich: Es gibt eine Reihe von »Wissenschaftsgegenständen«, die gar keine andere als die hermeneutische Vorgehensweise zulassen. Beispiele hierzu sind die historischen Wissenschaften, aber auch Bereiche der Politik, Germanistik usw. Hier muß die Wissenschaftsmethode der Wahl die Hermeneutik sein – jede andere Methode wäre dem Wissenschaftsgegenstand nicht angemessen und würde dann auch zu falschen Ergebnissen führen. So wäre es sicherlich vollkommen unsinnig, die Volkszählung des Cäsaren Augustus, von der die Bibel und zeitgenössische Historiker berichten, mit einer auf empirischen Grundlagen beruhenden Fragebogenaktion heute zu wiederholen.

Die Frage nach der Objektivität und damit auch nach der »Wahrheit« der hermeneutisch gewonnenen Ergebnisse ist notwendigerweise eine Frage nach der Qualität der »Erlebnisse«, im Sinne von Dilthey (beispielsweise eine Frage nach der Qualität der Quellen bei den historischen Wissenschaften). O. F. Bollnow meint dazu, daß sich die Wirklichkeit als widerständig gegen falsche Aussagen erweise und damit die Realität dazu führe, daß subjektive Ergebnisse von ihr korrigiert würden.